Agir et penser comme COCO CHANEL

Direction éditoriale : Stéphane Chabenat
Éditrice : Charlotte Sperber
Conception graphique et mise en pages : Nord Compo
Conception graphique de la couverture : olo. éditions

Les éditions de **l'Opportun**
16, rue Dupetit-Thouars
75003 Paris

www.editionsopportun.com

AURÉLIE GODEFROY

Agir et penser comme COCO CHANEL

Sommaire

À ma fille et à mon arrière-grand-mère

Introduction

Coco Chanel m'a toujours impressionnée, j'ai depuis longtemps suivi ses créations, notamment lors de mes études à l'École du Louvre, mais il m'a fallu du temps pour éprouver de la sympathie pour le personnage, les dernières images que j'avais en tête représentaient cette vieille dame aigrie prononçant des propos détestables sur les femmes. Comment cette créatrice géniale pouvait-elle être capable de formules si définitives voire méchantes sur celles qu'elle avait tant contribué à émanciper ?

Ses sarcasmes, son génie invectif, ce caractère qui ne cessait de souffler le chaud et le froid m'a déstabilisée au plus haut point.

Puis au fil de l'écriture, je me suis rendu compte que Gabrielle Chanel était bien plus complexe et nuancée que cela. L'entreprise ne s'annonçait pas évidente, d'autant plus que de Coco Chanel on a le sentiment que tout a été dit et écrit. On ne compte plus les livres et films sur la créatrice. Et pourtant, il est impressionnant aujourd'hui de voir à l'heure où les influenceuses foisonnent sur les réseaux sociaux, que Coco fût bien une des premières à se mettre en scène : Chanel était sa mode et inversement.

« Je veux être ce qui va arriver » affirmait-elle.

Elle nourrira un dialogue constant avec les avant-gardes, les artistes, écrivains ou musiciens dont elle deviendra la muse, la mécène et surtout l'amie. On s'aperçoit aussi que celle qui a donné sa liberté au corps des femmes, a surtout créé ces vêtements pour elle, afin de mener sa vie comme elle l'entendait, en se libérant de toute contrainte. Pas de déguisement, mais un habit confortable, simple et élégant : tel est son credo résumé par ce qu'elle dira à Marie-Hélène Arnaud, sa mannequin favorite et surnommée par la presse « The Chanel Girl », (*Elle* du 17 février 1958) : *« Tes robes doivent ressembler à la vie que tu mènes, à ta voiture, à ton travail, à tes amours… »*.

Nous le verrons, après avoir convoqué bien de ses amis écrivains (et non des moindres : Louise de Vilmorin, Edmonde Charles-Roux, Michel Déon…) dans la perspective qu'ils écrivent ses mémoires, elle les congédiera tous. Chanel estimait que ces « porte-voix » n'étaient jamais assez justes à son goût !

Preuve supplémentaire que ce personnage haut en couleurs et pétri de contradictions, a réellement bâti sa légende et s'employait sans scrupules à multiplier les zones d'ombres. Qu'elle ne fût pas ma surprise par exemple, alors que j'avançais dans la rédaction de ce livre de découvrir dans « L'enfance de Chanel » d'Henri Ponchon, que Coco n'aurait finalement jamais été pensionnaire à l'orphelinat d'Aubazine, après la mort de sa mère, comme elle l'a toujours raconté…

J'ai voulu comprendre, à travers ce parcours étonnant entre gloire et solitude, pourquoi et comment Chanel est devenue un mythe. Ou du moins, humblement essayer, car comme le rappelle si bien l'historienne Michelle Perrot, « Chanel est plus subtile que ceux qui la mythifient ».

CHAPITRE 1

Coco Chanel est : COURAGEUSE

> “ *Une fille devrait être ceci :*
> *qui et ce qu’elle veut*

Une enfance difficile

Avec une enfance misérable et itinérante chez les camelots cévenols, une mère qui meurt à trente-deux ans en crachant du sang devant ses enfants, un père qui les abandonne au couvent sans plus jamais revenir les chercher, Coco Chanel devient une gamine rescapée qui sait faire preuve, dès son plus jeune âge, de combativité pour survivre.

Ce sont bien ses années d'orpheline qui furent les plus déterminantes pour créer son style unique. Celui qui allait révolutionner la mode. Car elle réussit à inverser le schéma : tout ce qu'elle cachait la grandissait et l'éclairait. Elle a bâti sa vie comme une froide vengeance sur l'enfance, la misère et l'abandon. *« Je veux être de ce qui va arriver. J'irai pour cela où il faudra. Je suis prête à crever sous moi des sociétés entières comme on crève un cheval. »*

La petite paysanne d'Auvergne deviendra la reine de Paris. Mais attention, avant de libérer les femmes, elle aura su se libérer elle-même : tout commence par soi !

Surmonter l'infidélité et le deuil

Après l'ouverture de sa première boutique en 1910, le succès est au rendez-vous. Alors que Coco est à la tête d'une fortune très importante, le cœur n'est pas à la fête : Boy, l'amour de sa vie, n'est pas à ses côtés. Et pour cause : il se marie en octobre 1918. Sa fille naît en avril 1919, Clemenceau en est le parrain. Gabrielle vit mal son statut de maîtresse. Elle n'a plus rien à cacher maintenant qu'elle est reconnue professionnellement. Mais elle l'aime. Alors, elle subit. Jusqu'à ce fameux 22 décembre 1919. Boy a quitté Coco la veille pour se rendre en voiture à Cannes où l'attend sa femme pour les fêtes de Noël. À quelques kilomètres de la ville, un pneu éclate, la voiture quitte la route. Boy, victime d'une fracture du crâne, meurt sur le coup.

Coco est en état de choc. Elle veut se rendre immédiatement sur les lieux de l'accident. Le chauffeur qui l'y mène témoigne : *« Elle fait le tour de la voiture ou de ce qu'il en reste… touche à tâtons la ferraille à demi calcinée qui exhale encore une odeur de caoutchouc brûlé. Alors, enfin, assise sur le bas-côté, elle peut pleurer, pendant des heures. […] Elle vient de perdre le seul homme qu'elle aura jamais aimé. »*

Au lendemain de la mort de Boy, Coco se cloître chez elle et fait immédiatement redécorer sa chambre à coucher. Elle fait retapisser tous les murs en noir ainsi que le plafond de sa chambre. Elle fait changer les rideaux, les draps… en noir. Elle dira plus tard : *« Cette mort fut moi un coup terrible. Je perdais tout en perdant Capel. »* Les souvenirs reviennent. Les bons mais aussi d'autres, douloureux, comme ce moment où s'est envolé son désir d'enfant. *« Elle se revoit dans sa chambre, à la clinique où l'avait emmenée une fausse couche. Le chirurgien n'avait rien pu faire. Elle n'aurait pas d'enfant de Boy. […] Tout cela, semble-t-il à cause d'un avortement pratiqué à Moulins et où l'intervention, faite dans des conditions désastreuses, avait entraîné des séquelles sans doute irrémédiables. »*

Quelques semaines après la mort de son amant, elle décide de se reprendre et de sortir du tombeau qu'elle s'est créé dans cet univers confiné. Elle se noie dans le travail, pour ne pas penser au drame. Elle a à peine trente-six ans et, si d'autres hommes partagent sa vie par la suite, elle refusera toujours d'être la femme de « quelqu'un » et de se marier.

Le courage de revenir sur le devant de la scène

Bien qu'âgée de 70 ans, Gabrielle Chanel (née Gabrielle Chasnel) décide de rouvrir ses ateliers du 31 rue Cambon, à Paris. Son retour, avec le défilé du 5 février 1954, est décrié en France.

Elle recommence tout comme au premier jour, en élaborant avec exigence et un travail acharné une nouvelle collection. « *Je ne m'occupe pas des autres*, dira-t-elle à une journaliste de l'époque. *Je m'occupe de ce que je fais et ce n'est pas très commode parce qu'il y a beaucoup de mauvais goût en ce moment et c'est très embêtant.* »

Elle fulmine de voir la mode passer aux mains d'hommes qui à nouveau entravent les femmes à coup de balconnets et de jupes bouffantes. Lors de son défilé, elle est assise, cachée dans un escalier de la rue Cambon, d'où elle observe ses mannequins qui défilent dans un silence glacial. La presse française s'apitoie sur ses modèles, ricane de son âge et l'« assassine ».

Terrible accueil pour celle qui était habituée à la célébration de son génie. Heureusement, dans le même temps, l'Amérique repère et célèbre son retour. *Life*, le magazine le plus lu des États-Unis, écrit : *« À soixante et onze ans, Gabrielle Chanel apporte mieux qu'une mode : une révolution. »*

Le courage artistique

Audacieusement, Gabrielle Chanel n'expose pas sa collection de bijoux de diamants dans sa boutique de la rue Cambon mais chez elle, au 29 rue du Faubourg-Saint-Honoré. Ni écrin ni coussin de velours noirs. Elle préfère installer ses bijoux sur de simples mannequins de cire, coiffés et maquillés. Furieusement, le monde masculin de la place Vendôme exige que les bijoux soient démontés après l'exposition. Mais les belles choses ne sont-elles pas faites pour circuler, comme Coco Chanel le dit ? Finalement, cette collection de 1932 sera la première et unique collection de haute joaillerie de Gabrielle Chanel, mais elle donne le ton pour toujours et à jamais : la création et la légèreté plutôt que l'ostentation.

Dans la tête de Coco

« L'acte le plus courageux reste de penser par vous-même. À haute voix. »

Les femmes nées, comme elle sous le cinquième signe du zodiaque « *sont courageuses, travailleuses, fidèles, elles ne se laissent pas démonter. C'est mon caractère. Je suis une abeille née sous le signe du lion.* »

1932

Création de la collection de joaillerie « Bijoux de Diamants » que Chanel expose du 7 au 19 novembre dans son hôtel particulier au 29, rue du Faubourg-Saint-Honoré.

LE PARIS DE COCO

La rue Cambon

Faisons défiler les numéros de la rue Cambon : le 21, lorsque tout a commencé en 1910, alors que Chanel ouvre un magasin de chapeaux. Puis les 29 et 25, 23 et 27, et désormais le 19 dessiné par l'architecte américain Peter Marino. On retrouve au 31 l'adresse de toute une vie, avec le fameux escalier que tant de mannequins et de clientes ont descendu, tapissé de miroirs pour que ses modèles se démultiplient à l'infini. La légende de Coco Chanel s'y est forgée et s'y reflète à jamais. Mademoiselle s'asseyait sur une marche, son poste d'observation privilégié d'où, protégée des regards, elle surveillait la présentation de ses collections. Elle regagnait ensuite ses salons du premier étage, où, jusqu'en 1971, les mannequins (en général des jeunes filles de la bonne société) présentaient quotidiennement ses modèles. Aujourd'hui, seules les célébrités et les clientes de la haute couture font leurs essayages dans ces salons blanc, beige et noir dessinés par Karl Lagerfeld.

On arrive ensuite dans le « saint des saints », le studio où elle faisait et défaisait ses modèles, ciseaux en sautoir, épingle à la main, et son éternelle cigarette aux lèvres, à même les mannequins.

Si l'on poursuivait, on rejoignait au deuxième étage les premières d'ateliers et les petites mains en blouse blanche, qui métamorphosaient les croquis en toiles, puis les toiles en modèles.

Conseils de coach

Développer le courage

Un vieux proverbe nous apprend que la peur et le courage sont frère et sœur ! Le courage, c'est comme un muscle : ça se travaille ! On a nos jours *avec* et nos jours *sans*, on peut alors se demander ce que l'on ressent, ce qui se passe et surtout comment se mettre en action pour aller de l'avant. Et cela vaut le coup : lorsque l'on développe des comportements courageux et de confiance en soi inébranlable, le monde nous offre des possibilités incroyables !

VOICI LES QUATRE ÉTAPES À SUIVRE AVANT DE SE LANCER

Étape 1. Regarder la réalité en face (et, pourquoi pas, la partager avec une personne de confiance).

Étape 2. S'autodiscipliner : s'organiser, prioriser ses tâches, ne pas avoir peur de dire non.

Étape 3. S'écouter : avoir du courage, c'est aussi accepter ses moments de fatigue, d'émotion, ou de frustration.

Étape 4. S'adapter : sortir de notre zone de confort, de nos croyances, identifier nos « pièges personnels » qui nous empêchent d'avancer. Se remettre en question et développer une nouvelle manière de penser implique de se responsabiliser car s'ouvrir au courage, c'est aussi faire un pacte avec soi-même.

Le camélia fait partie des icônes indétrônables de la marque. Est-ce à cause de *La Dame aux camélias*, le roman d'Alexandre Dumas qu'elle a adoré et qui lui rappelait sa mère décédée de tuberculose, ou du bouquet composé de cette fleur pure et sophistiquée avec lequel Boy la courtisa ? Le camélia imprime aussi bien les paravents de Coromandel et ses lustres, chez elle, que ses propres créations, en devenant un talisman indémodable de la maison Chanel.

BIJOUX

Dans les années 1920, le bijou est incontournable dans les créations de Coco. Elle l'inscrit en contrepoint à l'aspect épuré de ses vêtements. Rangs de perles, sautoirs, boucles d'oreilles, broches et bracelets : vrai et faux se mélangent, car Mademoiselle adore mêler la joaillerie et les bijoux fantaisie. Elle aime également jouer avec la position du bijou, plaçant par exemple une broche au revers d'une manche, sur la hanche ou sur l'épaule, ou encore sur la calotte d'un chapeau. On retrouve, en plus de son propre répertoire symbolique – le lion, l'épi de blé, l'étoile, le soleil ou la croix –, des décors floraux exotiques et historiques : une véritable opulence en totale opposition avec la simplicité de ses créations.

CHAPITRE 2

Coco est une : AMIE LOYALE

“Je ne demande pas que l’on m’aime,
c’est un grand mot.
Moi non plus je n’aime pas tout le monde.
J’aime très peu de gens, ce qui s’appelle aimer,
être dévoué à quelqu’un corps et âme.
On aime rarement comme ça.

Coco arrive à Paris au printemps. Nous sommes en 1909. Elle décide de faire venir sa fidèle petite équipe de province : Lucienne Rabaté, une modiste très douée qui lui apportera une aide technique, sa sœur Antoinette, et Adrienne, sa complice. Et leur entente paie : très vite, le bouche-à-oreille fonctionne et les clientes affluent. Il est difficile de répondre aux demandes. L'appartement-atelier devient même trop exigu.

En 1919, Coco, devenue « Mademoiselle », plébiscitée par des femmes à qui elle a donné le droit au confort, vient pourtant de perdre l'homme de sa vie. Heureusement, les amis sont là : elle étouffe son chagrin avec Misia et José Maria Sert. Misia est slave, une muse redoutable, fantasque, enjôleuse géniale, inspiratrice de Proust, pianiste émérite, modèle de Toulouse-Lautrec, Bonnard et Vuillard. Cette femme pétillante lui fait aimer l'Italie et les ballets russes, et surtout lui présente ses amis : ils s'appellent Cocteau, Diaghilev, Stravinsky, Ravel et Picasso.

Gabrielle n'est pas « seulement » styliste, elle devient aussi une couturière adulée des artistes : elle confectionne les costumes de Dullin et de Cocteau. Grâce à l'amitié de ce dernier, elle devient aussi mécène et infirmière : elle finance la création du spectacle *Le Sacre du printemps*, héberge Stravinsky et sa famille, aide Cocteau dans ses cures de désintoxications, et règle discrètement l'enterrement de Diaghilev à Venise. On retrouvera dans ses créations (nous le verrons aussi au niveau de ses choix littéraires) l'influence de ses célèbres amis architectes et designers, comme Le Corbusier, Robert Mallet-Stevens, Jean-Michel Frank, Eileen Gray, Pierre Chareau ou Charlotte Perriand. À leur instar, Chanel cherche l'équilibre parfait entre la fonction et la forme, élimine le superflu et détourne les matériaux qu'elle peut avoir sous la main.

LE DIAMANT

Chanel casse les codes : exit les présentations traditionnelles sur des petits coussins de velours noirs ; elle affiche sa collection de pierres précieuses sur des mannequins. D'une facture sobre et graphique, leurs montures, légères, précisent la ligne.
Coco Chanel continue de bien s'entourer en confiant leurs dessins à différents illustrateurs, dont son amant Paul Iribe. Les thèmes qu'elle choisit sont aériens, légers, évoquant la souplesse des étoffes : on retrouve des comètes, plumes, franges et rubans. Autre révolution : les bijoux modulables avec des motifs interchangeables selon les envies. Ils peuvent se porter en collier, en broche ou sur un bracelet. Le côté novateur et pratique, toujours…

« Je n'ai de sentiments tièdes pour personne.
J'aime ou je n'aime pas. »

1933

Dépôt de la marque Tissus Chanel.

LE PARIS DE COCO

L'appartement

On quitte ici la sobriété et le noir et blanc pour retrouver le monde baroque de Mademoiselle. Une entrée, un bureau, un salon, une salle à manger, pas de chambre, un chaos harmonieux où chaque objet évoque l'inspiration de Gabrielle Chanel, sans en divulguer tout à fait les secrets. Ses paravents laqués de Coromandel, les miroirs octogonaux, les lustres ornés de camélias, du chiffre 5 et de son célèbre double C ornent ce temple. Les pieds de lampes sont, quant à eux, stylisés. On y retrouve encore les statues de Bouddha, de lion, de la vierge ou d'Aphrodite, qui ont longtemps veillé sur elle.

FOCUS : *Coco et Venise*

À la mort de son grand amour, Chanel fuit à Venise accompagnée de Misia et de son mari José Maria Sert. Émerveillée, elle découvre une ville où partout règne l'art : dans le mystère des palais, dans le silence des églises, dans le secret des musées… Venise est un choc et un réconfort. Elle deviendra une de ses plus grandes sources d'inspiration, et le restera tout au long de sa vie. Érudit, José Maria va au-delà du décor de carte postale romantique, pour explorer les replis de la ville.

Le couple Sert lui apprend à distinguer les styles, s'initier à la peinture et découvrir les couleurs somptueuses du Tintoret. Trio brillant et insolite, ils glissent ensemble sur les canaux, passent du clair-obscur des ateliers de verre à Murano à la lagune ensoleillée. Sensible aux symboles, Coco s'attendrit devant le lion vénitien, l'emblème de la ville, qui est aussi son signe astrologique.

Les couleurs sont puissantes à Venise : à commencer par l'or qui tapisse les coupoles, s'accroche aux médailles et aux croix, incruste les mosaïques et orne les splendeurs byzantines de la basilique Saint-Marc. Avec les Sert, celle qui est à la tête d'une maison puissante et florissante entre dans un monde excentrique, dans une société brillante, une aristocratie cosmopolite, qui a fait de Venise et du Lido une station balnéaire à la mode.

En pyjama de plage, en costume de toile blanche, Gabrielle est la garante de l'élégance de cette petite société. On aime sa liberté et son audace. On cherche sa compagnie. À la plage, à la terrasse du célèbre *Florian* ou dans les palais lors de fêtes éblouissantes, Chanel incarne la Venise radieuse dont les journaux se font l'écho.

Et quand Gabrielle Chanel ne séjourne pas à Venise, elle la recrée dans sa demeure de la rue Cambon, qu'elle peuple de lions, d'angelots baroques, de cristaux, de bois polychromes et de consoles sculptées. Pour que l'esprit de ce labyrinthe d'art et d'émotion accompagne avec bienveillance son inspiration, pour toujours…

Conseils de coach

Comment cultiver une amitié ?

Pour rire, pleurer et échanger, l'amitié est essentielle à notre bien-être. À la fois simple et complexe, l'amitié s'entretient de manière différente, selon les profils et les caractères de chacun.

On peut discerner trois sortes d'amitié : l'amitié à **toute épreuve**, l'amitié **intéressée**, et l'amitié **de situation**. Il est important, en effet, de comprendre la nature de votre amitié avec l'autre personne en face de vous. Il est néanmoins fondamental de comprendre que se voir régulièrement, partager des moments au quotidien ou bien des choses exceptionnelles, c'est ce qui renforce une amitié. Car l'amitié, c'est aussi savoir se rendre disponible et faire preuve d'accueil, d'empathie et d'écoute. Prenez le temps d'appeler votre ami, même si cela n'est pas toujours facile. Ayez pour lui de petites attentions, n'oubliez pas les anniversaires, demandez-lui régulièrement des nouvelles, et surtout, faites des projets ensemble.

L'amitié est le lieu de la confiance par excellence. On peut livrer à ses amis des choses que l'on n'arrive pas à dire à sa propre famille, ou même à son conjoint. Avec un ami, on doit réussir à parler de tout, dans l'authenticité. Même si ce n'est pas toujours évident, acceptez les différences de vos amis, au lieu de vous formaliser. Elles vont justement favoriser votre ouverture d'esprit. N'essayez pas de convaincre l'autre que vous avez raison et qu'il a tort. Car l'avantage de l'amitié est d'arriver à nouer une relation avec une personne sans forcément partager les mêmes valeurs, ni le même style de vie. Et cela ne doit pas nuire à votre entente. Enfin, et c'est essentiel : une amitié se cultive et, à l'instar de la relation amoureuse, il est important de dire à l'autre que vous tenez à elle (lui), que vous l'aimez.

Mais ne vous perdez pas : il est important d'entretenir des amitiés « saines » ! Car de toutes les formes de relations, l'amitié est peut-être la plus polyvalente. C'est souvent aussi la plus épanouissante, puisque c'est un cadeau accordé à l'autre de manière volontaire. On donne ainsi une partie de nous sous forme de compassion, de bonheur et de soutien. En retour, la compagnie de nos amis nous réconforte et nous réjouit.

Cependant, l'amitié doit être nourrie et encouragée à grandir par des actions, des paroles et des sentiments réciproques.

Le premier aspect, et sans doute le plus important, est de traiter les autres avec le même respect et la même gentillesse avec lesquels vous souhaitez être traité. Cela doit être le guide, notre boussole dans nos relations amicales. Il est vrai que c'est plus facile et plus gratifiant lorsque vous choisissez judicieusement vos amitiés.

Ces dernières doivent être construites sur une base de **confiance mutuelle**, d'**acceptation** et de **soutien.** Montrez à vos amis que vous vous souciez d'eux, non seulement dans la parole, mais aussi par vos actes.

Évitez de vous montrer trop critique. Lorsqu'un de vos ami(e)s rencontre des problèmes, soutenez sa décision sans réserve, mais ayez toujours du recul et soyez toujours prêt à lui dire quand il est sur le point de s'engager sur une voie dangereuse, du moins, vous semble-t-il ! Vous l'aiderez ainsi à s'épanouir à sa manière, tout en étant toujours là pour lui. Soyez vraiment dans l'écoute et partagez les triomphes de vos amis ainsi que leurs bouleversements avec patience, gentillesse et sens de l'humour.

Mais, dans toute amitié solide, un conflit peut parfois surgir : soyez prêt à faire des compromis et à respecter les opinions de votre ami. Essayez de pardonner rapidement et de ne jamais garder rancune, car, comme dans tout autre type de relation, vous accrocher à des émotions négatives peut mettre à rude épreuve une amitié. Laissez votre ami être ce qu'il est, pas celui que vous préférez qu'il soit.

Soyez, enfin, tolérant avec vous-même : il peut y avoir des moments où vous sentez que vous n'êtes pas au « top » pour être un bon ami, que ce n'est pas le moment opportun. Sachez que le fait de le reconnaître et de l'admettre, constituent les bases d'une solide amitié. Votre ami, s'il est aussi généreux et ouvert, comprendra que, vous aussi, vous pouvez avoir des problèmes et des préoccupations importantes dans votre vie.

Développer et maintenir des amitiés enrichissantes et durables est un défi, mais cela en vaut la peine !

CHAPITRE 3

Coco suit : SON INTUITION

« Puisse ma légende gagner du terrain. Je lui souhaite une longue et joyeuse vie.

Déjà petite fille, rêveuse et solitaire, elle n'écoute que son intuition. C'est ce qui la sauve : elle se construit une bulle, à l'écart, à travers un univers de symboles. Toute sa vie elle aimera le silence des cimetières et des églises. Petite, elle contemple et s'imprègne des paysages de son Auvergne natale pour observer et ressentir la nature, les gens…

Elle mêle le religieux et le païen. Dans son enfance d'orpheline, elle se crée un univers intérieur et s'y immerge de plus en plus. Elle n'aura de cesse de croire au retour de son père et d'avoir confiance en son destin.

Toute sa vie, elle aura la « chance » de croiser les bonnes personnes, grâce à une intuition hors du commun. À Royallieu tout d'abord, dans le château de son amant Étienne Balsan, qui restera son ami pour toujours, elle rencontrera la célèbre Émilienne d'Alençon. Cette dernière l'aidera lors de l'installation de son atelier à Paris.

Plus tard, elle pourra rentrer dans le cercle fermé des gens du monde grâce à Misia Sert, la muse de Bonnard et de Vuillard, l'égérie de Diaghilev et de Stravinsky. Cette femme sera sa « seule amie »… mais quelle amie ! La complicité qu'elles pouvaient toutes les deux s'apporter était partagée. Coco disait d'elle : *« Le chagrin d'autrui l'attire comme certains parfums attirent l'abeille ».*

Intuition également dans ses créations, de pressentir le désir des femmes, de les émanciper, et surtout d'anticiper les nouveaux codes de la mode, pour la révolutionner. Grâce à son intuition, elle aura été l'*« ange exterminateur d'un style XIXe siècle »* (Paul Morand).

1936

Dans un contexte de grève générale, le personnel de la maison Chanel occupe les locaux de la rue Cambon.

LE PARIS DE COCO

Le Ritz

Gabrielle s'installe dans une suite qui donne sur la place, Vendôme puis dans deux chambres dont les fenêtres donnent sur la rue Cambon. C'est ici qu'elle mourra un soir de janvier 1971.

Conseils de coach

Aiguiser son intuition

« Apprenez à penser avec le cœur et à ressentir avec l'esprit. » Theodor Fontane

Depuis toujours, la société semble réprimer l'intuition, en nous enjoignant de nous méfier de nos sensations, émotions, affects. On nous demande de croire plutôt en notre jugement, et de construire notre monde sur la supériorité de la raison. Pourtant, le monde se transforme dès que nous changeons la perception que nous en avons ! Si certaines facultés semblent surnaturelles à certains, il s'agit cependant de dispositions naturelles insuffisamment développées et inexplorées. Mais ça se travaille : en étant présents à ce qui est, en développant notre attention et notre sensibilité. Car une chose est sûre : nous avons tous des capacités naturelles plus ou moins réprimées, enfouies au plus profond de nous. Comment faire pour les détecter ? Nous pouvons développer cette intuition sur la base d'une pratique régulière, d'une ouverture à l'invisible, d'une meilleure écoute de nos ressentis subtils et des synchronicités.

Lorsque vous entendez une petite voix intérieure, écoutez-la car elle se trompe rarement. Il suffit de prendre en compte la dimension énergétique toujours présente lorsque l'on rencontre quelqu'un, par exemple, de ne pas laisser notre mental nous couper de cette intuition, d'essayer de développer cette capacité à ressentir l'énergie qui se dégage des personnes, des lieux et des événements. Il ne tient donc qu'à vous de faire des choix en écoutant vos convictions profondes !

Quelques astuces

Mettre **votre pensée consciente en veilleuse**. Apprendre le plus possible sur un sujet, laisser décanter, permettre à l'inconscient de faire son travail et attendre le résultat : la meilleure solution finira par s'imposer.

Être **attentif aux pensées qui vous viennent à l'esprit** et les inscrire dans un cahier afin d'y réfléchir tranquillement.

Écouter ce vieux dicton très sage : « La nuit porte conseil ». Si vous avez une décision importante à prendre, **notez avant de vous coucher toutes vos réflexions la concernant**, et adoptez la résolution avec laquelle vous vous sentez le plus à l'aise le lendemain matin.

Faire le silence en soi et éveiller sa conscience permet **d'affiner ses perceptions**. Prêtez attention aux signes et aux symboles dans votre environnement : par quoi votre attention est-elle attirée ?

Ne pas oublier de **nourrir son inconscient**, utiliser ses sens en donnant libre cours à sa fantaisie et à sa création.

FOCUS : Les bijoux

Curieusement, en 1932, Chanel, la reine du bijou fantaisie qui pendant longtemps n'aima d'Orient que les perles fantaisies et les cristaux de couleur, va s'emparer de la plus précieuse des pierres : le diamant. Opportunément, encore sous le choc de la crise de 1929, les grands diamantaires de l'époque vont préférer Mademoiselle Chanel à ceux de la place Vendôme, pour rendre son éclat au diamant. C'est le point de départ de la plus légendaire et éphémère collection. Coco allège simplement les montures à l'extrême et démode ce qui précède : ce n'est plus la pierre qui décide mais, comme en couture, la ligne et le dessin.

Elle monte et remonte les diamants, comme elle s'amusait autrefois à démonter les parures offertes par le duc de Westminster pour inventer d'autres bijoux. Résolument, elle fait de la souplesse un principe et de la liberté une vertu. Elle supprime les fermoirs, ouvre les colliers le long du cou, fait jaillir des comètes sur les épaules et ruisseler une pluie d'étoile le long du décolleté. « *Je veux,* dit-elle*, que les bijoux soient au doigt de la femme comme un ruban* (...) »

Symboliquement, Mademoiselle Chanel choisit cinq thématiques pour sa collection de bijoux de diamants. Cinq : comme son chiffre fétiche, comme la quintessence de son style. Secrètement, elle illumine la part la plus sombre de son enfance en recouvrant de diamants les croissants de lune, les étoiles, les soleils, les croix de Malte : autant de figures géométriques du pavement de l'abbaye d'Aubazine, que la jeune orpheline foulait pour se rendre à la messe.

CHAPITRE 4

Coco ment

> *“L’arrogance est dans tout ce que je fais.*

Coco Chanel ne cessera de brouiller les pistes, de raconter des histoires, que ce soit sur son enfance, son adolescence, et tout au long de sa vie d'adulte. Elle s'inventera une légende pour faire oublier ses origines et les épisodes les plus sordides de sa vie. Pas évident de s'y retrouver dans cette vie fabulée, sous une couche de mensonges et de faux-semblants.

Toute sa vie, elle se sera acharnée à faire la nuit autour de ses origines. De son père, elle disait qu'il était « un homme mystère ». Qu'il dépensait bien plus qu'il ne gagnait, sans jamais expliquer de quoi il vivait. Une chose est sûre : Gabrielle avait des réticences vis-à-vis de sa famille, de ses frères et de sa mère.

Était-ce par coquetterie ? Elle n'hésitera pas non plus à enlever, lorsqu'on osera le lui demander, une décennie à son âge ! Elle prétendra toujours être née en 1893 (alors que son acte de naissance est sans équivoque...). Mensonge encore, cette fois-ci par omission ?

Si Coco ne cachait par certaines de ses fréquentations et certains de ses amours, elle savait aussi dissimuler sa vie intime, ses peines, ses souvenirs, et jamais ne lâchait le nom d'un amant dont elle n'avait pas décidé de parler.

LA PARTIE SOMBRE DE COCO CHANEL

Pendant la Seconde Guerre mondiale, Coco Chanel entachera son image. Elle prendra comme amant un officier allemand, le baron Von Dincklage, et fera tout pour récupérer les parts des fabricants juifs de ses parfums avec pour motif « l'aryanisation des biens ». Entre la fermeture de sa maison de couture au début de la Seconde Guerre mondiale et la fin de celle-ci, la vie de Coco est trouble. De nombreuses spéculations circulent, à coup d'accusations de collaboration et d'espionnage. À la fin de la guerre, elle sera entendue, mais aucune charge ne sera retenue contre elle. L'auteur américain Hal Vaughan affirme qu'elle fut un agent nazi à part entière, membre de l'Abwehr, les services secrets allemands, et donc une collaboratrice qui a espionné pour le IIIe Reich. Sur les documents officiels déclassifiés figurent son matricule « F-7124 » ainsi que son nom de code « Westminster ».

1939

Dès la déclaration de guerre de la France, le 3 septembre, la maison de couture ferme ses portes. La boutique de parfums et d'accessoires du 31, rue Cambon restera ouverte pendant toute la durée des hostilités.

UNE JOURNÉE AVEC COCO CHANEL

Le travail était sa vie, le seul partenaire fiable qu'elle ait trouvé. À son siège parisien, le personnel de Chanel était constamment maintenu à son service, dans un état « d'anxiété vigilante ». Alors que son équipe arrivait à 8 h 30 du matin, Coco apparaissait des heures plus tard. En général, vers une heure de l'après-midi. Le cérémonial de son arrivée était digne du protocole de la plus haute aristocratie : alors qu'elle quittait sa suite du Riz, les membres du personnel de l'hôtel téléphonaient au bureau de la rue Cambon pour avertir l'équipe afin que celle-ci se tienne prête. Une sonnette retentissait à travers tout le studio et l'on « se passait le mot » : « Mademoiselle est en route ». Des effluves du Chanel Numéro 5 étaient pulvérisés en bas, près de l'entrée, afin que Coco puisse traverser un nuage de son propre parfum. Lorsqu'elle pénétrait dans le studio, on se croyait dans une salle de classe : tout le monde se levait, le personnel formait ensuite une ligne, les bras positionnés le long du corps, « comme à l'armée ».

Une fois arrivée dans son bureau, à l'étage, Gabrielle se mettait immédiatement à travailler sur ses créations, refusant toujours d'utiliser des modèles ou mannequins en bois, préférant passer de longues heures à draper et épingler des tissus sur ses modèles, en enchaînant les cigarettes, et en prenant rarement une pause pour s'asseoir. On dit qu'il lui arrivait de tenir debout neuf heures d'affilée, sans manger ni même boire un verre d'eau.

Elle restait jusque tard dans la soirée – et demandait à ses employés de suivre son exemple – en buvant du vin, et ne pouvant s'arrêter de parler. Ainsi, elle retardait le plus possible son retour dans sa chambre du Ritz pour éviter l'ennui et la solitude qui l'attendaient là-bas. C'était sûrement la raison pour laquelle elle redoutait tant le dimanche et les jours fériés, travaillant six jours par semaine sur les sept. Comme elle le confiait alors : « Le mot "vacances" me donne des suées… »

Conseils de coach

« Arranger la vérité » ou l'art de la dissimulation

Qu'est-ce que dissimuler ? Sans s'inventer une vie, comme Coco, cela peut servir de savoir cacher ses intentions ou ses sentiments. Que ce soit pour éconduire en douceur les hommes ou les femmes amoureux, s'excuser, ou encore cultiver le mystère afin de (notamment) attiser le désir. Les moralistes du XVIIe siècle, de La Rochefoucauld à La Bruyère, ou encore *Le Prince* de Machiavel, nous donnent toutes les ficelles dans leurs traités, au-delà de politique où la place de la volonté est décisive. Des lectures indispensables !

Si vous vous engagez dans des conversations animées, le plaisir que vous ressentez en y introduisant des remarques et des idées pourraient vous permettre de rentrer dans un échange plus profond ; et donc d'aiguiser votre sens de la répartie avec les autres. C'est peut-être le bon moment pour vous observer, et devenir conscient de la nature des commentaires que vous avez tendance à faire, c'est-à-dire s'ils penchent vers le positif ou le sarcastique. Pendant que vous analysez vos paroles, profitez-en pour noter aussi comment les autres réagissent à ce que vous dites, ce qui vous aidera à orienter davantage vos discussions… Cette prise de conscience plus profonde de vos interactions vous aidera à devenir un partenaire de conversation beaucoup plus affirmé et plus « fun » ! Car être un bon « causeur » implique que nous soyons aussi conscients de la façon dont nos mots **affectent les autres**.

FOCUS : Biarritz

1915

Alors que la Première Guerre mondiale s'aggrave, la haute société et la vie mondaine se déplacent dans le Sud-Ouest, à Biarritz, vers la frontière espagnole.

Aristocrates, artistes, et hommes d'affaires se replient dans cette station balnéaire cosmopolite, mise à la mode au XIXe siècle par l'impératrice Eugénie. Ils retrouvent leurs villas d'été, placées face aux vagues de l'Atlantique. Le temps d'une permission, l'officier Boy Capel y emmène Gabrielle. Les deux amants vivent vite, s'enivrent de soirées à la mode. Au grondement de l'océan, Coco répond par une détermination farouche. Son avenir passe par Biarritz, elle le sait, d'ailleurs elle y ouvrira non pas simplement une boutique mais une maison de couture. Boy l'encourage, lui avance les fonds, et le succès sera tel qu'elle le remboursera un an plus tard. Sur la descente menant de la plage au casino, elle repère une vaste villa, installe un atelier, embauche soixante ouvrières, fait venir de Paris sa sœur Antoinette et en trois mois ouvre une boutique. Les élégantes s'y pressent, les ventes affluent et offrent à Gabrielle sa première grande victoire : son indépendance financière. En 1916, le Harper's Bazar célèbre la *Chanel charming… dress* : les succès s'enchaînent !

CHAPITRE 5

L'ésotérisme de Coco

*« Il existe beaucoup de similitudes
entre le monde du luxe et celui de la magie :
les deux sont faits de rêves,
de prédiction et de dépassement du réel,
avec un besoin de se reconnecter
à quelque chose de plus grand que soi.
N'oublions pas que les designers sont des artistes
dans une incertitude constante :
faire appel au monde divinatoire leur apporte
de l'assurance. »*
explique Serge Carreira,
maître de conférences à Sciences Po.

Son obsession pour le chiffre 5 (tous ses défilés se tenaient le 5 février), sa fascination pour son signe astrologique la protègent, pensait-elle, de la mauvaise fortune. Elle décline ses racines et ses souvenirs en précieux talismans. Son appartement de la rue Cambon en témoigne : on y retrouvait des statues de lion et des grenouilles chinoises en bronze (avec une pièce dans la bouche, censée apporter la bonne fortune), du blé qui symbolise la richesse et la prospérité (en mémoire aussi de ses jeunes années) et des cristaux pour briller et dont elle pensait aussi qu'ils lui porteraient chance. Aujourd'hui, tous ces *lucky charms* font partie des classiques de la maison. Elle aimait parer ses créations de détails subtils, allant jusqu'à faire passer des messages subliminaux, comme avec la **comète**, qu'elle affectionnait particulièrement. *« Je veux que le bijou soit aux doigts de la femme comme un ruban. »* disait-elle.

En novembre 1932, princesses, duchesses et ambassadeurs se pressent au 29, Faubourg-Saint-Honoré où Mademoiselle Chanel inaugurera sa première et unique collection de haute joaillerie, intitulée « Bijoux de Diamants ». Vaste programme de trente joyaux inédits et révolutionnaires car sans fermoirs, perpétuant ainsi son désir de rendre à la femme sa liberté.

Ses bijoux prennent la forme de la comète et des constellations dont elle veut couvrir les femmes. Les croissants de lune et les étoiles à cinq branches qui recouvraient le sol de l'abbaye d'Aubazine ne sont pas loin… L'enfance, toujours, comme source d'inspiration pour créer et apporter sa spiritualité. Les étoiles montrent, encore une fois, son attrait pour l'occulte et l'astrologie.

Car Gabrielle était superstitieuse et ne s'en cachait pas. « Je crois à la quatrième dimension, et à une cinquième, disait Coco. C'est né du besoin d'être rassurée, de croire que l'on ne perd jamais tout et qu'il se passe quelque chose de l'autre côté »

Effectivement, c'est sûrement à cause de son enfance meurtrie qu'elle se crée un monde spirituel, notamment la théosophie qui signifie étymologiquement « la sagesse de Dieu », initiée par son grand amour Boy Capel. Toutes les portes de Chanel étaient cachées derrière les paravents Coromandel, pour éloigner le sentiment de solitude.

L'ésotérisme est aussi un mode de vie : Chanel se faisait tirer les tarots régulièrement, et ses croyances avaient investi jusqu'à ses ateliers où se piquer un doigt revêtait une signification bien particulière ! On raconte en effet que la main droite représentait le travail et la gauche les affaires du cœur. Si on se piquait le pouce avec l'aiguille cela signifiait que l'on allait connaître de la joie ; l'index, des soucis et de la tristesse ; le majeur impliquait les questions amoureuses ; l'annulaire, une correspondance, une lettre ; et, enfin, le petit doigt : une séparation !

1944

Chanel est arrêtée au Ritz par les forces françaises de l'Intérieur en raison de sa relation avec un officier allemand, le baron Hans Günther Von Dincklage. Elle est relâchée après un bref interrogatoire.

LE STYLE CHANEL

Chanel, dès le début de sa carrière, s'inscrit à contre-courant de la conception du vêtement exprimant une féminité figée et stéréotypée. Elle se débarrasse du tissu qu'elle juge en trop, des drapés compliqués et incommodes, des inspirations historiques, de tout ce qui déséquilibre le corps et la silhouette. Son credo devient (et le restera) : une « subtile élégance ». Et cela passe par un vocabulaire, des règles, une discipline, une grammaire.

FOCUS Chiffre 5

« Je présente ma collection de robes le 5 du mois de mai, le cinquième mois de l'année, nous lui laisserons donc le numéro qu'il porte et ce numéro 5 lui portera bonheur. » C'est ainsi que Coco justifie le nom de son premier parfum. Le 5 est aussi le chiffre qu'elle affectionne tout particulièrement depuis son âge tendre. Elle le retiendra dès son enfance dans l'orphelinat, gravé au sol. Toute sa vie elle pensera que c'est un bon chiffre, *son* chiffre. C'est aussi le chiffre de la quintessence des alchimistes.

Conseils de coach

Accéder à notre intériorité

Si vous vous lancez dans une pratique dite « ésotérique », n'oubliez pas de rester ancré, les pieds bien au sol (comme une prise de terre !), de ne pas le faire lorsque vous êtes fatigué, et surtout ne faites confiance qu'à vous-même !

Certains jours, certains matins, vous pouvez vous sentir plus « travaillé » que d'autres par votre inconscient. Vous vous interrogez peut-être sur la signification symbolique de vos rêves, de certaines images, où des scénarios que vous y vivez. C'est le moment alors de rentrer dans votre « espace intérieur », de laisser cours à vos pensées et vos rêveries. N'hésitez pas à vous isoler si le besoin s'en fait sentir pour laisser place à l'**introspection** et la **contemplation**. Accordez-vous le temps de savourer ces moments qui sont riches d'enseignements sur vous-même.

Lorsque nous nous permettons de nous attarder sur nos mondes intérieurs, nous voyons très rapidement qu'ils sont aussi importants que ce que nous vivons de manière plus active sur le plan physique, à travers notre corps. Pourtant les deux sont intimement liés. Ces pensées et ces sentiments qui émergent peuvent avoir un impact sur nos humeurs et sur ce que nous entreprenons dans notre quotidien. Explorer cet espace intérieur nous conduit souvent à une meilleure compréhension de nous-mêmes, de nos désirs et de notre authenticité.

Concrètement, et sans forcément devenir mystiques, nous pourrions nous familiariser avec les voies de la vie intérieure. S'ils sont notés et « digérés », les rêves peuvent par exemple nous donner des indices sur la dynamique de nos sentiments et de notre esprit.

N'hésitez pas non plus à puiser dans la poésie et plus généralement dans la littérature : elles offrent de précieux conseils en décryptant certaines situations de la vie quotidienne, sur la signification profonde de l'arrivée (ou le départ) de certaines personnes dans nos vies.

CHAPITRE 6

Coco est : SPORTIVE

“Une femme a l’âge qu’elle mérite.

C'est au contact de son amant Étienne Balsan, dans la maison de ce dernier à Royallieu, que Chanel se découvre une passion pour le sport. Elle découvre l'équitation, le polo… Sur les champs de courses ou lors des chasses à courre, elle choque tout le monde en troquant sa robe contre un pantalon pour pouvoir monter, comme les hommes, à califourchon alors que les autres femmes montent habituellement en Amazone. Elle apprécie aussi les sports d'hiver : notamment skier à Saint-Moritz en hiver !

Coco aime aussi pêcher, notamment avec « Bendor », le deuxième duc de Westminster. Ils passent beaucoup de temps dans la propriété de celui-ci, à Loch More, en Écosse, à pêcher le saumon. Là aussi, elle supplante tout le monde, comme en témoigne Winston Churchill : *« Elle pêche du matin jusqu'au soir, en deux mois elle a attrapé cinquante saumons ! »*

On retrouve son attrait pour le sport dans ses créations de mode mais aussi sur scène. Dans le *Train bleu*, par exemple (juin 1924), une « opérette dansée » par les Ballets Russes de Diaghilev, elle dessine pour les danseurs des tenues de sport à partir des vêtements de plage qu'elle avait déjà créés : des tissus rayés aux teintes vives.

1953

Réouverture de la maison de couture après quatorze ans d'absence.

Coco Chanel et la quête de la liberté

Conquérir, maîtriser, aimer : pour Gabrielle Chanel ces trois verbes essentiels sont ceux de la liberté, souveraine et inconditionnelle. Elle n'épargnera pas ses efforts pour la conquérir.
« Rien ne remplace le travail. Ni les titres, ni le culot, ni la chance », disait-elle. Maîtriser sa liberté en la cultivant, délimiter un cadre pour que s'y épanouissent l'audace, la lucidité et l'exigence. Et cela passe par tous les domaines : conquérir la liberté du corps et celle de l'esprit. Savoir dire non, se faire désirer : de Paris à Hollywood. Les mondanités, les conventions : c'est trop pour elle, qui n'estime finalement rien de plus que les artistes et leur vie de bohème. Mais la liberté de Coco ne sera jamais complètement gagnée : elle devra la conquérir et reconquérir sans cesse. Sa singularité, son courage et son obstination seront ses armes pour faire sa révolution. Maîtriser les codes pour les transgresser en toute liberté, et surtout devenir ce que l'on est : *« Si vous êtes né sans ailes, ne faites rien pour les empêcher de pousser. »*

Conseils de coach

Se mettre au sport

Manque de temps, de motivation et, quelquefois, appréhension : les raisons pour ne pas se (re)mettre au sport sont nombreuses ! Pour y remédier, vous devez y aller progressivement. Surtout ne soyez pas trop exigeant avec vous ! Il faut que votre corps s'habitue progressivement à la fréquence et à l'intensité de la pratique sportive que vous souhaitez faire. Il faut absolument que vous y trouviez du plaisir. Choisissez donc une activité qui vous plaise. Patience, bienveillance et régularité sont les partenaires qui doivent vous guider. Car ce n'est plus à prouver : si vous voulez rester en bonne santé physique et psychique, il va falloir vous y mettre !

Pratiquer régulièrement le sport que vous avez choisi et que vous appréciez exige naturellement des efforts.

Et c'est important, car cela nous pousse aussi à nous remettre en question, nous permettant de nous dépasser et de porter nos compétences sportives à un niveau supérieur. Nous devons constamment nous rappeler que nous étions autrefois des débutants et que pour grandir, nous devons nous ouvrir à de nouveaux défis passionnants, aussi difficiles soient-ils.

Pour vous motiver, si c'est compliqué de le faire seul, vous pouvez rejoindre une organisation sportive locale, élaborer un plan d'exercices partagé avec un être cher ou rejoindre une salle de sport. Au lieu de vous épuiser, l'exercice vous revigorera.

Vous constaterez aussi que vous vous sentez plus coordonné et flexible que d'habitude et que vous vous sentez plus à l'aise avec l'idée de participer à des sports de groupe. Car c'est prouvé : le sport permet non seulement de se détendre, puisqu'il agit sur le stress, mais il permet aussi de mieux se concentrer et de canaliser notre esprit.

Bref, vous avez tout à y gagner : vous vous sentirez mieux, plein d'énergie et serein.

FOCUS : Deauville

1912

Ville de toutes les ambitions et de toutes les élégances. Une des stations balnéaires de la Belle Époque où l'on se précipite pour être vu. Les ballets russes s'y produisent, la mode se dessine, la culture physique apparaît sur les plages, à travers les régates… Deauville attire.

Gabrielle arrive aux bras de Boy Capel, qui la conduit à son automobile.

Hôtel Normandy : des fenêtres de la plus belle suite, Coco regarde les voiliers prendre le vent. Elle a vingt-neuf ans et sent ses ailes pousser ; elle comprend que bientôt elle s'envolera, loin. Tout l'inspire : les maillots rayés des marins, les blazers de Capel, les ciels normands des impressionnistes et le vent qui met les vêtements en mouvement.

À la terrasse de café de *La Potinière*, on croise le tout-Paris, dont la chanteuse de cabaret Mistinguett. Coco observe ces allures d'un autre siècle, ces coiffes qui encombrent et ces corsets qui empêchent les femmes de bouger comme elles le souhaitent. Elle sait que, dans peu de temps, le tout-Deauville portera ses chapeaux puis ses tenues, sur la plage, à l'ombre des cabines de bain.

Elle aime le soleil sur sa peau, la couleur beige du sable mouillé… C'est sûrement en observant ces toilettes si joyeuses, mais encore si « habillées », qu'elle a l'intuition qu'il leur faut d'autres tenues de bain. Et également d'autres vêtements, plus légers, plus souples, qui permettent aux femmes de libérer leurs mouvements. Avec son amant, elle court aux ventes de pur-sang, aux matchs de polo, aux terrains de courses. Elle note, observe, s'inspire du vestiaire masculin. Un jour de grand vent, elle emprunte à un joueur de polo un pull trop grand, mais le trouve si confortable, qu'elle décide de l'utiliser pour ses créations. Il est pourtant fait d'un tissu jusque-là méprisé : le jersey.

Ce sera rue Gauton-Biron, à quelques pas du casino, que Chanel inscrit pour la première fois son nom en lettres noires sur le store blanc de la boutique de chapeaux et d'accessoires qu'elle vient d'ouvrir. Deauville confère à Chanel sa première célébrité.

CHAPITRE 7

Coco cultive : LA RÉPARTIE

> *“ J’adore critiquer :*
> *le jour où je ne critiquerai plus,*
> *la vie pour moi sera finie.*

S'il y a bien une chose qui caractérise Coco, c'est l'art de la répartie ! Ses ennemis (comme ses amis) en ont fait les frais !

Coco a le verbe haut, comme en témoigne sa rencontre avec le célèbre couturier Paul Poiret, dans les années 1920. Celui-ci, adepte des matières colorées et somptueuses, se serait exclamé en découvrant la tenue de Chanel : *« Mademoiselle, de qui portez-vous donc le deuil ? »* Elle lui aurait rétorqué : *« Mais de vous, Monsieur. »*

Ses propres ouvrières subiront ses humeurs, car, le moins que l'on puisse dire, c'est que Chanel n'était pas toujours commode, et tenait peu compte de leurs conditions de vie difficiles. Concernant les faibles salaires qu'elle versait à ses modèles, elle se justifiait en soutenant que ces *« jolies filles n'avaient qu'à trouver un amant »*. Certaines personnalités en viendront à se fâcher avec elle, comme Françoise Sagan qui se souvient avoir quitté plusieurs fois le repas à la suite des saillies de Mademoiselle.

1954

Gabrielle Chanel dévoile sa nouvelle collection le 5 février. Elle a soixante et onze ans.

Coco architecte, « La Pausa »

La Pausa est la seule maison que Coco a construite, sur la Côte d'Azur, à mi-chemin entre Menton et Monte-Carlo. Avec sept chambres et une vue imprenable sur la mer, cette villégiature de rêve aurait été financée par le duc de Westminster et conçue par Robert Streitz. Simple et confortable, elle accueillit de nombreux artistes et amis de Coco dans les années 1930, parmi lesquels Jean Cocteau, Picasso, Churchill, ou encore Salvador Dali et Luchino Visconti. La créatrice (qui a, par ailleurs, créé de nombreux intérieurs) soignera particulièrement le jardin, composé d'oliviers, de romarin, lavande et de marguerites. On y retrouve aussi son goût pour l'ésotérisme et ses superstitions dans la décoration du mobilier, notamment de son lit en fer forgé parsemé de constellations. Elle vendra La Pausa à un agent littéraire en 1953. La maison a depuis été rachetée par le groupe Chanel.

Conseils de coach

Faire mouche

Car cela peut être en plus, une manière de vous affirmer sereinement. Ce sens de la répartie est lié à votre créativité. Et bonne nouvelle : cette partie du cerveau se travaille, notamment en sortant de votre zone de confort. Mais c'est aussi une question de lâcher prise, de ne plus être dans la peur du jugement, et cela commence par vous. En effet, la répartie est plus une posture qu'un don. Devenez les rois du *tac au tac*, mais n'oubliez pas : la répartie c'est l'art de « repartir » dans une conversation, un échange et pas forcément, comme Coco, d'être méchant ou d'exprimer son amertume. Concrètement, sortez donc de cette idée de la performance, exercez-vous à l'association d'idée et enfin… ne restez pas dans la crainte de l'échec !

FOCUS : Les couleurs de Coco Chanel

La couleur de prédilection de Coco est le noir car il souligne l'essentiel et rappelle la rigueur monacale des uniformes des orphelines d'Aubazine. Pour Mademoiselle, le noir rend visible le rayonnement d'une femme. Grâce à elle, il quitte le deuil et les domestiques pour devenir – dès 1926 – la rigueur de l'élégance, avec la petite robe noire.

*« J'ai imposé **le noir**, il règne encore car le noir flanque tout par terre »* souligne Coco. L'utilisation du noir, parfois à peine éclairé de blanc, la pureté des lignes, lui permet d'affirmer sa vision stricte et minimaliste de la mode.

Elle aime **le blanc** parce qu'il capte la lumière, rehausse le visage, embrasse la beauté ; c'est la couleur de l'absolu, de la transparence, de la transcendance… Il rappelle à Coco les cornettes des religieuses de son enfance, et la robe de communiante offerte par son père.

Le beige lui rappelle la couleur naturelle et chaleureuse de la terre battue de son Auvergne natale. C'est aussi la couleur des plages du lido, de Deauville, de Biarritz. Il représente pour elle le teint naturel, la belle mine, le grand air, la peau qui dort au soleil…

Elle raffole, enfin, de **l'or** car il supporte le vrai et le faux : le vrai des bijoux que lui offre le duc de Westminster et le faux des parures fantaisies qu'elle bricole sans fin. Mais aussi parce qu'il lui rappelle les objets liturgiques et les robes du clergé d'autrefois.

CHAPITRE 8

Coco Chanel est :

UNE FEMME D'AFFAIRES REDOUTABLE

« Au moment où j'ai dû choisir entre l'homme que j'aimais et mes robes, j'ai choisi mes robes.

Dès ses débuts, Coco a le sens des affaires et comprend comment fonctionne le marketing, avant même que les marques ne deviennent l'affaire des médias et qu'elles ne soient gérées par des agences de communication. Il faut, selon elle, que la marque soit reconnaissable immédiatement. Coco dessine alors elle-même – en 1925 – le double « C » croisé et inversé qui deviendra le logo le plus connu dans le monde. Elle bâtit ainsi son ADN. Cet emblème, célèbre encore aujourd'hui partout dans le monde, serait inspiré de son enfance et des vitraux du couvent d'Aubazine.

Coco Chanel agit en redoutable femme d'affaires lorsque, trois ans après avoir cédé les droits de production et de distribution de son parfum aux frères Wertheimer, elle décide de les récupérer. Trouvant qu'elle ne recevait qu'une part minoritaire des recettes, elle les poursuivra en justice pendant une vingtaine d'années. Elle ira même jusqu'à les dénoncer aux autorités nazies pendant la guerre (les frères Wertheimer sont juifs) pour demander une rétrocession des droits, profitant du fait que les juifs n'avaient pas le droit de posséder une affaire.

Avec les États-Unis (alors que la Grande Dépression n'est pas loin) et la Metro-Goldwyn-Mayer elle signera un de ses plus gros contrats : un million de dollars pour venir habiller les principales actrices, deux fois dans l'année. Séduit par le style de Chanel, le magnat Samuel Goldwyn essaie de capter un peu de son « chic français » pour ses stars.

⌛ 1955

Chanel crée en février le sac en agneau plongé matelassé avec une bandoulière en chaîne, qu'elle baptise 2.55.

LE SAC

Le « 2.55 » (un nom qui lui vient de sa date de création, le 2 février 1955) révolutionne la mode dans le milieu des années 1950. Coco Chanel l'emprunte aux militaires en campagne. Elle habille leur besace de jersey et fait matelasser en losanges pour plus de tenue et de confort. Elle ajoute une doublure grenat frappée d'un double C et métamorphose la bandoulière en une chaîne tressée de cuir (pour éviter le cliquetis du métal) qu'elle lisse dans des œillets. On peut le porter soit sur l'épaule, soit au creux du coude pour libérer les mains et le mouvement (toujours la liberté chère à Coco !). La surpiqûre serrée (quatre points par centimètre !) non seulement épaissit le matériau mais le rend, là aussi, plus robuste, bien qu'il soit beaucoup plus léger que les sacs à main traditionnels. Sa structure compte un double rabat pour fermer le sac, le second couvrant le compartiment intérieur. 2.55 comporte de nombreuses poches permettant de mieux en retrouver le contenu, notamment le rouge a lèvres auquel un compartiment est dédié. Le premier sac commercialisé est en agneau, tissu ou laine grise, comme celui que porte Coco. Le 2.55 est aussi décliné en trois tailles pour répondre aux différentes activités et circonstances de la journée. L'aspect pratique… toujours !

DES VÊTEMENTS SIMPLES

La célèbre indépendance de Coco Chanel va de pair avec ces jupes qu'elle crée pour ne pas empêcher les femmes de déambuler à grands pas, des robes avec lesquelles on peut s'asseoir sans souffrir de la pression de l'armature contre les côtes, des blouses que l'on boutonne par-devant et non par-derrière. Comme elle le disait : *« Il ne manquerait plus que l'on ait besoin d'un homme pour s'habiller ! »*

Conseils de coach

Attirer la prospérité

Comme Coco, vous pouvez être en alerte pour ne surtout pas manquer de belles opportunités.

Renseignez-vous, mais analysez également de près les fruits de votre expérience, et notamment ce que vous avez appris de vos échecs. Revenez sur vos défauts, vos besoins ; cela vous permettra de **mieux vous adapter** et **d'adopter de meilleures stratégies**.

Anticipez le plus possible, informez-vous, quel que soit le domaine dans lequel vous exercez. Synthétiser le tout ensuite ! Pour avoir les idées claires, élaguez afin de pouvoir réfléchir aux opportunités à saisir ! Notre subconscient a besoin de repos, et il est donc important aussi de savoir se vider l'esprit !

La prospérité, enfin atteinte, c'est le bon moment pour considérer ceux qui ont contribué à votre situation actuelle et exprimer votre gratitude en les soutenant d'une manière ou d'une autre. Ne vous reposez pas sur vos lauriers : c'est également l'occasion pour examiner les mesures que vous avez mises en place pour arriver à votre niveau actuel de succès et en prendre note. Car, qui sait, ces principes appliqués à d'autres domaines de votre vie pourraient créer les mêmes résultats positifs !

La nature est un bon exemple : une source d'eau en mouvement continuera d'apporter de l'abondance à tous ceux qui y sont connectés, végétaux et animaux compris. Mais une source d'eau qui reste immobile deviendra stagnante. Lorsque vous circulez et partagez votre richesse avec votre entourage, vous contribuez à un cycle vertueux et continu qui nourrit toutes les personnes impliquées.

FOCUS : Le numéro 5

Pour la première fois une couturière bouscule le monde feutré, fermé et poudré des parfumeurs, en créant en 1921 sa propre fragrance qui ne ressemble à aucune autre. Coco est à la recherche d'un « parfum de femme à odeur de femme ». Son odorat sera à la hauteur de son flair. *« Une femme,* dit-elle, *devrait porter du parfum partout où elle souhaite être embrassée. »*

Numéro 5 bouscule les codes de la parfumerie de l'époque, qui n'aime encore que les soliflores. Coco Chanel fait appel à Ernest Beaux, parfumeur à la cour des tsars, qui ira chercher pour elle ses inspirations au-delà du cercle polaire, dans la fraîcheur qu'exhalent les lacs du Grand Nord au soleil de minuit. La couturière l'encourage et le pousse à plus d'audace encore, plus de jasmin, car il s'agit de l'essence la plus précieuse. Il compose pour elle un parfum à partir d'un bouquet de plus de 80 senteurs, un parfum abstrait et mystérieux, sans note dominante mais d'une richesse florale étourdissante.

Numéro 5 révolutionne la magie des senteurs. Pour la première fois, un parfum est présenté dans un simple flacon de laboratoire : pur, austère, aussi dépouillé qu'une fiole. Son contenant aussi bien que sa présentation sont innovants. Numéro 5 dénote par son minimalisme avec les flacons alambiqués des années 1920. À l'ornementation des Années folles, Coco Chanel opposera sa sobriété qui sera le gage de l'indémodable. Son bouchon aux lignes sobres et anguleuses, taillé comme un diamant, aurait été inspiré de la géométrie de la place Vendôme. Son flacon original de 1921 s'adaptera de façon imperceptible à l'air du temps, tout comme son étui minimaliste en carton blanc surligné de noir.

Numéro 5 deviendra une icône du XXe siècle : il entrera au musée d'Art moderne en 1959, et Andy Warhol lui consacre même une série de ses célèbres sérigraphies.

À la fin de la guerre, des GI's se pressent devant la boutique Chanel de la rue Cambon : les soldats américains tiennent à ramener des flacons à leurs épouses et à leurs fiancées.

États-Unis, Japon… : Numéro 5 étend sa notoriété et devient le parfum le plus vendu au monde. Mais le Numéro 5 entre dans la légende lorsqu'en 1952 Marylin Monroe, au fait de sa gloire, répond à un journaliste qui lui demande ce qu'elle porte pour dormir : « Juste quelques gouttes de N° 5 ».

ANECDOTE

On raconte que le « double C » que l'on trouve sur les lampadaires de Westminster était un clin d'œil du duc à sa maîtresse. Or, il s'agissait vraisemblablement de celles du County Council ! Les deux C, symboles enlacés du succès de la maison Chanel, fondée en 1914, qui, aujourd'hui encore, authentifient sacs, parfums, foulards, boutons et autres essentiels accessoires de son sceau arc-bouté, ne feraient en réalité pas uniquement référence aux initiales de Coco Chanel. La fondatrice de la prestigieuse marque aurait choisi ce logo au début des années 1920, lors d'un séjour chez une de ses riches amies, au château de Crémat, à Nice. Son œil de styliste aurait immédiatement été attiré vers ce symbole en lettre d'or, apposé sur la façade du bâtiment, et elle aurait demandé à la propriétaire si elle pouvait utiliser l'image de ces deux « C » entrelacés pour en faire son emblème.

CHAPITRE 9

Coco est :
FIÈRE

“Je ne peux obéir aux ordres de personne, sauf en amour.

L'enfance de Gabrielle Chanel restera toujours une blessure profonde qu'elle cachait avec honte. Coco masquera durant toute son existence ses origines modestes, ne cessant de brouiller les pistes. Elle ne voulait pas que l'on sache qu'après la mort de sa mère, alors qu'elle a à peine douze ans, son père les abandonne, elle et ses sœurs. Elle fera croire qu'il est parti en Amérique, s'appliquant à construire sa légende. Ses versions varieront plusieurs fois, mais elle préférera les multiplier, plutôt que l'on découvre la réalité ! Jamais elle n'articula le nom de l'abbaye cistercienne d'Aubazine, au fin fond de la Corrèze, où elle fut placée par son père.

On dit qu'elle possédait une beauté singulière. Obstinée et fière, si elle est heureuse d'attirée les regards, sa priorité est de sortir de son milieu. C'est ce qui la conduit à accepter son premier emploi de commise. Elle aime le chant, alors, lorsque la Rotonde recherche des chanteurs, elle décide de se lancer. Et ça marche : elle devient très vite la coqueluche de Moulins, une ville de garnison, acclamée par l'ensemble du régiment. C'est la chanson « Qui a vu Coco dans l'Trocadéro ? » qui lui donnera son célèbre surnom ! Acclamée, elle décroche un contrat à la Rotonde, où elle commence à s'ennuyer au bout de quelques mois. En 1906, elle décide de partir tenter sa chance à Vichy. Parmi ses admirateurs, un certain Étienne Balsan, héritier d'une très riche famille de Châteauroux, est pourtant le seul à la décourager de persévérer dans cette voie : *« Tu n'arriveras à rien. Tu n'as pas de voix et tu chantes comme une seringue »*, lui dit-il. Le jeune homme est passionné de chevaux de course. Moins titré que la plupart de ses camarades, avec un physique assez commun : l'homme semble avoir peu d'atouts pour séduire Gabrielle, mais il est honnête avec elle. Et Gabrielle aurait dû l'écouter. Pourtant, là encore, la fierté l'emporte : elle s'obstine à devenir chanteuse jusqu'à ce que la désillusion laisse place à l'échec et la remette face à la réalité. Elle reprend son emploi de commise, jusqu'à ce qu'elle devienne la maîtresse d'Étienne qui lui offre un toit. Mais celui-ci n'oublie pas d'où elle vient et où il l'a rencontrée. Leur relation n'est pas platonique, mais il a prévu deux chambres pour lui et Coco qui reste une invitée à cacher.

Elle parvient progressivement à se faire accepter par l'entourage d'Étienne. Même si elle dénote : elle s'habille à son gré, ne respecte pas les codes de cette société bourgeoise. Sa stratégie est claire : étonner afin d'éviter ce qu'elle redoute le plus – passer pour une femme entretenue.

Même dans sa vie intime, l'orgueil est de mise : sauver la face, toujours. Alors qu'elle est follement amoureuse de Boy Capel, celui-ci n'a pas renoncé à ses plaisirs : disputer un match de polo ou conduire sa Daimler. Même si Gabrielle assure ne pas être jalouse, il lui devient difficile d'apprendre qu'il est souvent vu en charmante compagnie. Elle comprend vite, à son grand regret, que Boy Capel ne lui demandera jamais sa main. *« Je lui étais destinée. Nous étions faits l'un pour l'autre. Il m'adorait. Je l'adorais aussi. Qu'il soit là et qu'il m'aime, et qu'il sache que je l'aime, le reste n'avait plus d'importance. »*

Orgueilleuse, elle n'apprécie pas que l'on ne l'écoute pas, que ce soit dans ses ateliers ou ailleurs. Comme au théâtre, lorsqu'elle prépare les costumes pour l'*Antigone* de son ami Jean Cocteau. Pendant une répétition, agacée de ne pas être entendue, elle tirera un fil de la robe d'Antigone, en l'abîmant irrémédiablement. L'équipe devra improviser afin de trouver un nouveau costume pour la première !

C'est aussi par orgueil qu'elle reviendra à Paris et rouvrira sa maison de couture fermée pendant la guerre. Après treize années passées en retrait, elle entend vanter les mérites d'un jeune couturier, Christian Dior. Elle refuse l'idée qu'il remette le corset au goût du jour, alors qu'elle pensait en avoir définitivement libéré les femmes. Piquée, elle se donne pour mission de l'anéantir, et c'est ainsi qu'à 71 ans elle revient sur le devant de la scène.

LES ROBES DU SOIR

Même ses robes du soir, pourtant très ouvragées, sont faciles à porter. Si elle ne renonce pas à la sophistication et à la décoration, elle va à l'essentiel, évitant toujours le superflu. Quand elle tapisse une robe de paillettes, c'est toujours de façon monochrome.
Dans les années 1930, l'harmonie des proportions, la cohérence entre matériaux et formes, révèlent une fois encore sa recherche de la simplicité, mais aussi un dessin de plus en plus juste.
Pour le soir, elle combine les matériaux les plus légers, les dentelles noires ou blanches et le tulle. Robes de mousseline, robes floues avec des décors incrustés qui s'intègrent à la coupe pour mieux souligner les formes nourrissent ses collections.
« Sans jamais déséquilibrer la ligne, elle joue avec l'asymétrie, les mouvements enveloppants et les longueurs

inégales. Avec elle, le vocabulaire de la mode féminine fait preuve de retenue, les volants ne sont froncés que très légèrement, les drapés à peine esquissés, les pans se font légers et flottants. »

1957

Création du premier soulier bicolore avec le bottier Masaru.

Gabrielle étant née le 19 août sous le cinquième cycle du zodiac, ces chiffres deviendront son porte-bonheur. Le lion sera sa constellation, et ce sera l'esprit de Chanel.
Elle se reconnaîtra toute sa vie dans le caractère fougueux, instinctif et solaire de l'animal.
Le lion deviendra son emblème : Chanel place une statue du roi des animaux à côté de ses cigarettes et de sa paire de ciseaux. Elle fait graver son effigie sur les boutons de ses tailleurs de tweed. Le lion devient son sujet de prédilection, notamment pour la joaillerie : il rugit sur des colliers, pendentifs, broches, comme pour garder les secrets de Mademoiselle et veiller sur elle. Elle en fait la griffe du 31, rue Cambon.
Le lion est une majesté. On peut l'admirer, le craindre, le chasser ou le dompter. Coco Chanel décide de l'apprivoiser. *« Les femmes de ce signe sont courageuses, travailleuses, fidèles, elles ne se laissent pas démonter. C'est mon caractère. Je suis une abeille née sous le signe du lion ».*

Conseils de coach

Se valoriser

On assimile la fierté au péché d'orgueil (dans le christianisme), ou à l'*hybris* des Grecs. Conséquence ou simple hasard, on ne valorise pas souvent la mise en avant de nos propres qualités ou atouts par la société. Et pourtant cela enclenche bien souvent un manque de confiance et une difficulté à s'épanouir pleinement. Alors comment faire pour combler ce déficit ?

Concrètement, identifier **vos forces** et **vos talents** qui vous permettront de trouver votre place. Pour cela, pensez à une personne que vous admirez particulièrement. Notez et verbalisez ensuite les raisons de votre admiration. Enfin, réfléchissez à la meilleure façon d'agir afin de ressembler davantage à ce modèle. Que mettre en place ? Que cesser de faire ? Que changer ? Choisissez une action à ancrer dans votre vie quotidienne, puis une deuxième, une troisième, etc. Pour créer un cercle vertueux qui vous fera passer de l'admiration à l'incarnation.

Vous acquitter de vos tâches quotidiennes consciencieusement, qu'elles soient liées à votre carrière ou à votre bien-être personnel, vous permet de porter une attention particulière à chaque détail du projet qui vous attend. Cette méticulosité peut éveiller une envie renouvelée du travail bien fait. C'est prouvé : si vous prenez plaisir à aborder le travail avec soin, la beauté, la créativité et la prévenance en seront imprégnées. En effet, la rigueur avec laquelle nous nous acquittons de nos obligations contribue à garantir que nous serons fiers des efforts que nous consacrons à ces tâches. Une grande partie de ce que nous faisons chaque jour se déroule automatiquement, en mode « pilotage automatique » : nous effectuons nos routines par habitude, sans réfléchir. Pourtant, nous ne pouvons être fiers de notre travail que lorsque nous sommes certains d'avoir fait tout notre possible. En devenant conscients des moindres détails d'une tâche, nous y mettons tout notre cœur et, d'une certaine manière, elle devient une incarnation de nos valeurs. Votre attachement à la rigueur que vous mettez dans toutes vos actions vous aidera à tirer le meilleur parti de chacune de vos tâches quotidiennes, aussi banales vous semblent-elles.

Vous réalisez peut-être aujourd'hui que vous êtes capable d'aller plus loin dans votre activité que vous ne l'avez pas fait dans le passé. Cela peut être le moment parfait pour continuer à vous fixer des objectifs plus complexes à atteindre.

En effet, le sentiment de fierté peut devenir un « moteur » dans notre vie : ce que nous ressentons après la réussite d'un projet peut se transformer en motivation et nous pousser à de plus grands exploits. Chaque fois que nous gérons une mission avec compétence, nous nous prouvons que nous sommes prêts à porter nos efforts au niveau supérieur. Pour atteindre le succès que nous désirons et avancer au-delà de notre position actuelle dans la vie, nous devons nous remettre en question. Un seul triomphe peut changer notre existence. Si nous en sommes arrivés là, nous pouvons soit emprunter le chemin qui mènera à une réalisation similaire, soit explorer celui qui nous offrira des opportunités sans précédent. Le courage dont nous faisons preuve en choisissant ce dernier nous soutiendra tout au long de notre parcours. La fierté que vous ressentez aujourd'hui vous inspirera à élargir les horizons de vos rêves.

Bien que les chemins qui nous ont conduits à la réalisation aient été parsemés de nombreuses difficultés, le fait de savoir que nous sommes capables de surmonter ces obstacles peut nous encourager et nous préparer aux nombreux défis qui nous attendent encore. Parce que nous sommes sûrs de notre capacité à atteindre nos objectifs avec compétence et équilibre, nous ne devons pas douter de nos chances de réussir. Nous pouvons aller de l'avant, en prenant des risques calculés et audacieux, avec une plus grande confiance en nous.

CHAPITRE 10

Coco est : UNE INFLUENCEUSE

> « *Je déplore que les femmes suivent par trop aveuglément la mode, aux dépens de leur personnalité.*

Dès ses débuts, Coco manie l'art et la manière d'utiliser et de contrôler son image.

À son arrivée dans la capitale, elle n'hésitera pas à tout mettre en place pour se faire remarquer. Et lorsqu'elle est en province, comme à Deauville, elle profite de l'aubaine de se faire prendre en flagrant délit avec son amant Boy Capel par Sem : le plus grand caricaturiste de la Belle Époque. Une *paparazzade* qui contribue à faire parler d'elle et qui ne lui coûte rien !

Lorsque ce n'est pas le cas, elle s'entoure d'un cercle de portraitistes. Devenant le modèle de ses propres créations, elle ne cessera d'influencer les femmes dans leur manière de se vêtir, construisant ainsi son mythe. Coco Chanel était sa mode, et inversement. La scénographie qu'elle a mise en place montre combien la couturière incarnait sa marque.

« Elle a inventé cette fameuse posture Chanel, décontractée et chic avec une pointe d'impertinence : un pied en avant, les hanches en avant, les épaules détendues, une main plongée au fond de sa poche, pendant que l'autre s'agitait avec véhémence », écrit en 1960 la rédactrice de mode américaine Bettina Ballard, dans son livre *In My Fashion*. Et, au fond, si Gabrielle a délivré le corps des autres, c'est avant tout parce qu'elle a composé la garde-robe dont elle avait besoin pour mener sa propre vie d'affranchie. Et sa renommée dans le petit monde du cinéma franchit l'Atlantique, lorsque Metro-Goldwyn-Mayer lui déroule un tapis rouge pour relooker les stars. Greta Garbo, Marlène

Dietrich et Gloria Swanson l'accueillent comme une reine. À plus de soixante-quinze ans, lors de la nouvelle vague, Coco devient la coqueluche du cinéma français séduit par sa modernité. Mais de tous les rôles, celui de Pygmalion est celui qu'elle préfère. Gabrielle présente Visconti à Renoir et Zeferelli à Vadim. Car la grande dame de la mode a l'œil : elle est la première à repérer le jeune Robert Bresson, futur jeune cinéaste d'avant-garde. Coco lui demande de photographier sa collection de bijoux de diamants avec un œil neuf. Comme au cinéma, Gabrielle a inventé, écrit, coupé, monté pour réaliser le film de sa vie avant que son histoire n'inspire à son tour le cinéma.

C'est aussi une première en matière de communication pour un parfum : en 1937, Mademoiselle Chanel pose elle-même dans une suite du Ritz pour le *Harper's Bazar*. Pour la première fois un parfum apparaît dans un écran publicitaire en finale du Super Ball. Le succès est immédiat et vertigineux.

Tout au long de sa vie, Gabrielle Chanel a choisi des mannequins qui lui ressemblaient, non seulement physiquement, mais aussi à travers leur posture. À la fin des années 1950, l'une d'elles, Marie-Hélène Arnaud, surnommée par la presse « The Chanel Girl », était de loin sa favorite. Dans le magazine *ELLE* du 17 février 1958, on peut lire cette phrase éloquente adressée par la créatrice à son double : *« Tes robes doivent ressembler à la vie que tu mènes, à ta voiture, à ton travail, à tes amours… »*

Gabrielle Chanel devint une légende de son vivant, légende qu'elle a elle-même soigneusement tissée tout au long de sa carrière. Dès les années 1930, la presse française et celle internationale n'hésitaient pas à relayer de nombreux récits biographiques qui ne faisaient qu'accentuer ce flou volontairement entretenu entre sa vie et la fascination que suscitait déjà son personnage. Plusieurs personnalités avaient été approchées par Coco Chanel pour écrire ses mémoires... elles furent toutes congédiées, Mademoiselle ne supportant probablement pas la confrontation à la réalité ! Depuis sa disparition, en 1971, de nombreux écrits ont tout de même tenté d'éclairer les différentes facettes de son histoire et de sa personnalité, suscitant bien souvent débats et controverses.

1957

L'homme d'affaires américain Stanley Marcus, propriétaire des grands magasins Naiman Marcus à Dallas, remet à Mademoiselle Chanel l' « oscar de la Mode » qui honore « la créatrice la plus influente du xxe siècle ».

CHANEL AIME MÉLANGER LES GENRES

« Sur un champ de courses dans le Midi, en 1907 ou 1908, Gabrielle Chanel, âgée d'environ vingt-cinq ans, apparaît à la fois chic et sportive : elle est vêtue d'un manteau et d'une cravate d'homme, associés à un petit canotier soigné de sa confection. Sa posture révèle également sa maîtrise de l'insouciance typiquement masculine, ce qu'illustrent ses mains enfoncées profondément dans les poches du manteau et ses jumelles portées

sans façon, en bandoulière. Cette allure est un signe d'effronterie, à une époque où la dépendance sociale et économique des femmes vis-à-vis des hommes se signalait, durant les courses de chevaux, par leur robe à la mode » résume l'historienne Caroline Evans. En effet, Chanel est bien différente des autres spectatrices, au chapeau orné très lourdement et aux habits faits d'une superposition de tissus et de drapés tombants. Un habillement qui en dit beaucoup sur leur relation de sujétion aux hommes (que ce soit leur mari, leur amant ou leur père). Coco révolutionne ce petit monde et brouille les pistes en décidant de porter des vêtements masculins, empruntant la cravate à son amant et le pardessus à son ami. Une réponse en écho à cette forme de mascarade sociale où elle utilise les codes de la bonne société qu'elle prend plaisir à changer et à explorer et s'offrir *« la possibilité de sembler à la fois être ce qu'elle n'était pas et de n'être pas ce qu'elle semblait être »*, selon Lilou Marquand, son assistante durant les dernières années de sa vie. *Avant d'être une marque, Chanel fut une aventurière. »*

Et ne nous méprenons pas : *« L'important n'est pas que Chanel portait des vêtements d'homme, mais plutôt qu'elle en comprenait la modernité et qu'elle fut capable, tout au long de sa vie, de bousculer le genre de chaque vêtement en remettant en question la nature fondamentale de la masculinité comme de la féminité »*, précise Caroline Evans.

LES MATIÈRES DE CHANEL

Le ***tweed*** : elle l'aime pour sa chaleur, son aspect confortable et sa résistance. Elle l'introduira très vite pour ses vestes et ses manteaux. Elle le découvre grâce au duc de Westminster qui fût son amant pendant près de six ans. C'est ainsi qu'elle eut l'idée d'utiliser cette matière pour créer des tailleurs pour les femmes. Depuis lors, la petite veste en tweed est devenue un des emblèmes Chanel culte.

Le ***jersey*** : il est économique et facile à produire. Confectionné à l'origine en laine, ce tissu d'une grande douceur, facile à coudre, est aussi très polyvalent : il peut être utilisé pour des robes, T-shirt, pantalons…

Le ***fair isle*** : il s'agit d'un tricot confectionné par les femmes de marins de l'archipel des Shetland. Les motifs sont différents et propres à chaque ouvrière. La classe supérieure britannique portera ces jacquards à la campagne, à l'instar du prince Edouard VIII pour ses tenues de golf.

La ***rubakha*** : Chanel s'inspirera de ces chemises dans le style tunique serrées à la taille et ornées de broderies russes traditionnelles pour créer les robes chemises dans les années 1920. C'est l'atelier de la duchesse Maria Pavlovna, la sœur du grand-duc Dimitri, « Kitmir », qui fera la broderie pour les robes de Chanel. Comme pour le reste, cette dernière n'hésitera pas à mettre des perles.

Enfin, Coco utilisera aussi la *marinière* pour créer ses tenues. Cette pièce sans pinces, coupée dans un jersey de soie fin et léger que l'on réserve habituellement aux sous-vêtements masculins et portée depuis longtemps par les marins, fait scandale lorsqu'elle l'introduit dans les rangs de la mode féminine.

Conseils de coach

Comment soigner son image

N'oublions pas que notre image est notre carte de visite ! Nous devons l'adapter à nos objectifs ! Selon les différentes études, l'essentiel des messages que nous véhiculons passe par notre apparence, et non par les mots ! Les couleurs que vous décidez de porter, votre attitude, vos vêtements disent beaucoup sur vous ! Comme Coco, pensez à les soigner et n'oubliez pas qu'en sortant de chez vous, une belle opportunité peut se présenter : autant l'accueillir sous votre meilleur jour !

La **prise de parole,** en plus de la **maîtrise de l'image**, est cruciale. Au moins une fois dans notre vie nous sommes appelés à parler en public. Dans votre vie professionnelle, parler en public peut devenir une routine, que vous soyez obligé de faire une présentation ou de prendre la parole lors d'une conférence. Cela peut être une source de stress, mais avec du travail et de la détermination, vous devez arriver à contrôler votre peur et à faire entendre votre voix sans souci. Vous devez, avant tout, transmettre efficacement votre message. Il s'agit de le communiquer à un groupe de personnes, peu importe le nombre, ou le cadre. La confiance en vous que vous gagnez en parlant efficacement en public – quelle que soit l'occasion – aura un impact positif sur votre vie.

Pour cela, connectez- vous émotionnellement à votre sujet afin de transmettre votre passion à votre public. Utilisez au mieux votre voix pour communiquer vos émotions et votre message à vos auditeurs, adaptez votre vocabulaire et, surtout, veillez à entretenir une bonne mémoire !

Une prise de parole en public réussie vous donnera confiance : vous vous rendrez compte que vous parvenez à exprimer clairement vos idées et augmenterez votre capacité à communiquer avec des inconnus et des amis. Un orateur confiant est celui qui est inspiré et prêt à s'engager avec son entourage !

FOCUS Coco et le cinéma

Gabrielle Chanel est née en même temps que le cinéma. Et ils ont un sacré point commun : grâce au mouvement, l'un révolutionne l'image comme l'autre a révolutionné l'allure de la femme. Si Coco est d'abord styliste, il lui arrive aussi de devenir costumière : elle habille femmes du monde et soubrettes dans la *Règle du jeu* pour Renoir, elle suggère à Carmet le béret et l'imperméable pour habiller Michèle Morgan dans *Quai des brumes*.

Jeanne Moreau sélectionne dans sa garde-robe ses tenues Chanel pour le film *Les liaisons dangereuses* de Vadim. Truffaut laisse Delphine Seyrig choisir ses modèles rue Cambon pour *Baisers volés* ; l'actrice est également habillée par Chanel dans *L'année dernière à Marienbad* de Resnais. Les célèbres mousselines noires de Coco entreront dans la légende du cinéma.

Chanel pressent que ses actrices sont ses plus belles ambassadrices : Jeanne Moreau, Romy Schneider, Élisabeth Taylor ou Jane Fonda… Dans le sillage de Marylin, les grandes stars mondiales portent haut les valeurs de la maison Chanel. Encore aujourd'hui, Chanel continue à imprimer la pellicule et traverser l'histoire du cinéma.

CHAPITRE 11

Coco sait : PRENDRE SES DISTANCES

« *Je déteste m'abaisser, courber l'échine,*
m'humilier, déguiser ma pensée,
me soumettre, ne pas en faire qu'à ma tête. »

Toute sa vie, Coco Chanel construira sa légende, en prenant soin de toujours choisir son entourage qu'il soit amical ou professionnel. Jamais elle ne considéra sa famille comme essentielle, bien au contraire, toute sa vie elle n'aura de cesse de s'en détacher. Elle confia un jour à Claude Delay, une amie psychanalyste : *« Je n'aime pas la famille [...] On naît dans une famille. On ne naît pas avec. Je ne connais rien de plus effrayant que la famille. »*

Elle évoquait avec cette femme (chose rare) son enfance : *« L'enfance, dont on parle quand on est très fatigué, parce que c'est un temps où on a espéré, attendu [...]. Je me souviens par cœur de mon enfance. »*

Même ses tantes qui la recueillent un temps ne trouvent pas grâce à ses yeux : *« Je trouvais tout misérable chez mes tantes. Dans mes romans, on ne parlait que de capitons, de meubles laqués blancs. Je voulais tout laquer de blanc. Je détestais dormir dans une alcôve, quelle vieillerie, quelle saleté. Chaque fois que je pouvais arracher quelque chose, un morceau de bois, je l'arrachais pour abîmer. Quand on pense à tout ce qui se passe dans la tête d'une enfant (...) j'aurais voulu me tuer. »*, raconte-t-elle à Marcel Haedrich. Seule sa petite-nièce semble échapper à ces verdicts sans appel. Elle confiera qu'elle *« s'intéressait à ce qui était devant elle, et pas à ce qui était révolu. »*

C'est assez terrible de voir que cette idée de suicide de l'enfant qu'elle était devient un *leitmotiv*, seule alternative à son envie d'évasion et à une vie plus brillante. Elle confiera à Paul Morand : *« À ce moment-là, je pensais souvent à mourir ; l'idée de causer un grand scandale, de vexer mes tantes, de faire éclater aux yeux de tous leur méchanceté me fascinait. Je rêvais d'incendier la grange. »* Elle ne se sentait aimée par aucun membre de sa famille, en premier lieu par son père qui l'avait abandonnée, ni par ses tantes ou les autres membres de la famille qui l'avaient placée chez les sœurs.

Et pourtant… même si elle n'eut de cesse de renier son enfance, elle fut considérée pendant longtemps, et assez paradoxalement, comme une « petite fille », celle qui a besoin d'apprendre et que l'on doit protéger. En témoigne ce que lui dit son amant Étienne Balsan en voulant la faire partir de Royallieu : *« Je vais te ramener chez toi, je leur dirai que je te ramène telle que je t'ai trouvée et que tu es toujours une petite fille. »*

Et cette image d'elle-même lui collera longtemps à la peau. Elle-même en joue : ce mélange d'innocence et d'expérience sera une des clés de son succès. Elle assumera vite, par ailleurs, de rayer très tôt de sa vie ce qui lui restait de famille de sang au profit de celle du cœur, notamment celle qu'elle se créa avec ses amis artistes.

1959

Le flacon du N° 5 est présent lors de l'exposition « The package », de septembre à novembre au Museum of Modern Art (MoMA), à New York.

Conseils de coach

Comment gérer une relation toxique ?

Pour éviter conflits et disputes, vous pouvez apaiser vos émotions en pratiquant le détachement et en pensant de manière rationnelle. Au lieu de vous énerver, **reculez mentalement** de quelques pas et concentrez-vous sur quelques respirations profondes. Vous pouvez également moins fréquenter, ou même ne plus voir du tout les personnes que vous considérez comme nocives. Il s'agit de savoir prendre ses distances physiquement et psychologiquement.

Les émotions ont tendance à brouiller notre jugement, et devenir trop impliqué dans une situation nous empêche de la voir clairement.

ET CELA PEUT S'APPLIQUER (COMME POUR COCO !)
À LA FAMILLE...

Le terme de « famille dysfonctionnelle » reflète la confusion et quelquefois le désespoir. La « libération » prend souvent la forme de la distance physique afin de commencer à façonner sa propre vie, de manière indépendante.

Pourtant, dans les faits, ce n'est pas toujours aussi facile ! Car la manière dont vous avez été élevé façonne durablement tous les aspects de votre vie, de votre image de vous-même à vos relations, à votre vision du monde, et même à vos choix professionnels.

Mais ne soyons pas fatalistes : cela ne signifie pas que votre vie doit être dictée par ce qui a eu lieu dans le passé ;

et vous pouvez changer de direction. Cela passe par une guérison afin de vous donner la confiance nécessaire pour vous libérer de ce qui vous retient – et briser enfin votre cycle de dysfonctionnement. Pour cela, il faut identifier les schémas de dysfonctionnement au sein de votre famille, reconnaître le rôle codépendant que vous avez joué (et que vous jouez peut-être encore), identifier et affronter les sources du déni, renouez avec votre enfant intérieur, fixer et préserver des limites saines, cultiver le pardon, accepter le présent, comprendre ce que signifie la re-parentalité (devenir les parents de vos propres parents) et comment la pratiquer. Ce chemin (qui peut être long) exige de la conscience, de la compassion et de l'engagement. La vraie guérison se produit au fur et à mesure que vous portez votre regard à l'intérieur de vous-même, notamment de vos zones d'ombre.

CHAPITRE 12

Coco a : CONFIANCE EN ELLE

> *« Je me fiche de ce que vous pensez de moi. Je ne pense pas du tout à vous.*

Dès le départ, Coco a confiance en elle et en ses créations. C'est ce qui lui a permis de construire son mythe. *« Quand elles entrent chez moi, mes clientes aiment franchir le seuil d'un lieu magique, elles éprouvent une satisfaction un peu vulgaire, peut-être, mais qui les ravit : d'être une privilégiée qui s'intègre à cette légende. C'est pour elles un plaisir bien plus grand que de commander un tailleur de plus. La légende est la consécration de la célébrité. »*

Coco prendra des risques, notamment en nouant des partenariats osés avec les Wertheimer, une grande famille d'industriels du XXe siècle, en embauchant des milliers d'ouvrières et en traversant l'Atlantique pour conquérir Hollywood. Ce voyage montre à quel point elle a conscience de la valeur de son travail et ne compte pas se laisser impressionner. Lorsqu'elle arrive à New-York, elle sera bloquée pendant deux semaines à l'hôtel avec une mauvaise grippe. Alors

Souliers bicolores

À partir de 1957, le soulier bicolore parachève la silhouette définie par Chanel. Après plusieurs essais avec différents bottiers, elle adopte le modelé réalisé par Raymond Masaru. Parfait accord entre l'usage et la forme, elle opte pour une peau beige pour allonger la jambe, tandis que son bout noir protège le soulier des marques du temps et fait paraître le pied plus petit. La bride asymétrique et le talon, pas trop haut, garantissent comme toujours, confort et liberté de mouvement.

qu'elle en profite pour donner des interviews, elle répond à un journaliste qui lui demande si elle a l'intention de créer sur le sol américain *« Je n'ai pas emmené mes ciseaux ! »*.

Elle ira encore plus loin lorsqu'à son arrivée à Los Angeles, elle rencontre le magnat Samuel Goldwyn qui tente de l'approcher, et à qui elle répond sans détour qu'elle n'est pas à vendre ! Elle repartira deux semaines plus tard.

Sans ambition, pas de confiance.

Conseils de coach

Ne plus douter

Les personnes les plus confiantes sont capables de trouver un équilibre entre aider les autres et demander de l'aide quand elles en ont elles-mêmes besoin.

Travaillez, anticipez. Disposer toujours d'informations correctes peut vous aider à conserver votre force intérieure dans une situation troublante.

Si vous ne pouvez pas réécrire le passé, vous pouvez vous réinventer en élargissant votre horizon et en sortant de votre zone de confort. Ces nouvelles expériences vous aideront à vous sentir plus accompli.

Vous pouvez tenir un journal de réussite, dans lequel vous répertoriez les réalisations, ainsi que les objectifs. Cela vous aidera à retrouver la confiance lorsque vous vous sentirez dépassé.

Commencez chaque journée par une affirmation positive. Vous pouvez également repenser à trois choses que vous avez accomplies. Cela permet de regarder nos vies sous un angle différent.

À une époque où l'on nous presse pour être plus riches, plus minces, plus intelligents et plus rapides, nous sommes tous en proie à l'inquiétude et au doute de soi. Bref, nous écoutons tout le monde, sauf nous-mêmes.

Nous avons déjà ce qu'il faut pour faire face aux différentes situations de la vie. Il suffit de cultiver la conscience de soi, la confiance en soi et l'autonomie.

Apprenez à calmer les critiques – celles qui proviennent de votre mental comme celles de votre entourage – et faites-vous plutôt confiance. Pour la plupart d'entre nous, la confiance en soi passe par l'expérience : nous avons besoin de vivre une situation pour nous prouver que nous pouvons la gérer. En deux mots : n'évitez pas les situations inconfortables mais plongez-y ! Soyez souples et flexibles : il existe une grande variété de réponses possibles à une situation donnée. Faites confiance à votre capacité à trouver la réponse appropriée. C'est aussi un choix : lorsque nous décidons plutôt d'agir avec confiance et notamment en nous dans nos interactions avec les autres, nous deviendrons plus à l'aise. En favorisant un sentiment plus fort de confiance en vous, vous serez en mesure de transformer la qualité de vos interactions avec les autres, un cercle vertueux en quelque sorte !

L'inquiétude concerne toujours l'avenir, et ce qui nous inquiète vraiment, c'est notre capacité à lui faire face, quel que soit le domaine (personnel, professionnel, familial…). Nous nous imaginons le pire des scénarios, en pensant que nous ne pourrons pas y faire face. Nous nous inquiétons donc, comme si cela contribuait à la réussite. Surtout, cela nous énerve et nous épuise. Il existe en fait deux types de soucis : ceux sur lesquels vous pouvez agir et ceux qui échappent à votre contrôle.

Il faut donc apprendre à **lâcher prise**…

Plus nous apprenons à connaître profondément nos qualités et à avoir confiance en notre capacité à faire face, moins nous devons passer de temps à nous inquiéter car nous savons que nous trouverons d'une manière ou d'une autre comment affronter à celles que nous ne pouvons pas éviter.

Évitons de trop anticiper les choses, de dépenser toute cette énergie émotionnelle. Nous n'avons pas à vivre dans la peur de l'avenir. Vivre dans le moment présent est de loin préférable : il y a suffisamment à faire !

Pour éviter de vous sentir dépassé ou intimidé par les actions des autres, il serait utile de vous concentrer sur le renforcement de votre confiance en vous. Au fur et à mesure que vous vous sentirez plus à l'aise pour vous affirmer dans des contextes sociaux, vous remarquerez que vous vous sentez automatiquement plus fort et moins intimidé par les autres.

Agir avec confiance nous aide à nous sentir forts et capables, et en persévérant, nous intégrons ces qualités dans notre personnalité. Il ne faut pas oublier que la façon dont nous nous voyons est aussi la façon dont les autres sont susceptibles de nous voir. Même si nous ne verbalisons pas notre peur et notre intimidation, nos actions transmettront le message dans chaque situation.

CHAPITRE 13

Coco aime : LIRE

> *“ Ma vie a seulement été une enfance prolongée.*

Coco n'a cessé de puiser son inspiration dans les livres.

Ses goûts littéraires étaient toujours en lien avec sa vie personnelle, comme en témoigne son attachement au roman d'Alexandre Dumas fils, *La Dame aux camélias*. Lorsqu'elle vit son adaptation sur scène, avec Sarah Bernhardt dans le rôle de Marguerite Gautier, une courtisane magnifique qui s'éteint de phtisie, ses larmes coulent. *« La dame aux camélias c'était ma vie, tous les mauvais romans dont j'étais nourrie »* racontera-t-elle à son amie Claude Delay.

En effet, compliqué de ne pas voir d'analogie avec la mort de sa mère atteinte de tuberculose, dont le sang maculait les mouchoirs et les draps dans lesquels elle agonisait. Coco racontera également à son amie que ses sanglots étaient si bruyants pendant la représentation, qu'elle s'était attiré les foudres du public. On retrouvera le camélia, quelques années plus tard, sur un certain nombre de créations, que ce soit des bijoux ou des vêtements.

Sa bibliothèque reflète aussi sa vie amicale et sentimentale. Elle se fait l'écho de son lien avec son amant Pierre Reverdy, mais aussi son ami de toujours, Jean Cocteau. Coco Chanel parsèmera ses lectures de petites notes manuscrites, comme dans *L'Initiation sentimentale* de Joséphin Péladan, où l'on retrouva ce morceau de papier sur lequel était inscrit ceci : *« La vie qu'on mène est toujours peu de choses, la vie qu'on rêve, voilà la grande existence parce qu'on la continuera au-delà de la mort. »* Des mots qui en disent long sur la conception de l'existence de Coco !

On retrouve aujourd'hui les petites notes manuscrites que le poète Jean Cocteau laissait à son amie au fil des pages. En écho à sa poésie d'inspiration futuriste, Chanel déconstruit le vêtement. Lorsque Cocteau dessine des étoiles sur le visage de son amant, Jean Marais, elle en parsème également ses créations. Autant d'occasions de retrouver leur lien artistique.

Les livres de Coco

Dans sa bibliothèque d'une richesse impressionnante, qui recouvre deux murs entiers de son appartement, on trouve de nombreux livres reliés, que ce soit des éditions anciennes des auteurs latins et grecs comme Plutarque, Euripide, Homère ou encore Virgile. Mais aussi, dans un autre registre, les *Mémoires* de Casanova, les *Essais* de Montaigne, les *Confessions* de saint Augustin, les œuvres complètes de Maupassant et Molière. Joséphin Péladan, Flaubert, Lautréamont, Alfred Jarry… font également partie de ses lectures fétiches.

Conseils de coach

Pourquoi lire ?

Chaque livre a le potentiel de toucher profondément l'âme humaine, et nous permet de mettre en place de nouveaux schémas de pensée insoupçonnés. Il s'agit d'un passe-temps actif qui mobilise à la fois nos émotions et nos capacités de concentration et d'imagination. Vous le ressentez sûrement, il y a peu d'activités aussi réconfortantes, relaxantes et saines que de lire les pages d'un bon livre. Nos lectures nourrissent nos propres réserves créatives.

Ce sont aussi des chemins de découverte : les livres qui vous touchent profondément feront partie de vous et inspireront, comme dans le cas de Coco, pourquoi pas, vos créations… Ce serait dommage de s'en priver !

1969

Le 18 décembre, la comédie musicale *Coco* est présentée à New-York. L'actrice américaine Katharine Hepburn y incarne Gabrielle Chanel.

LE TAILLEUR CHANEL

« La mode n'existe pas seulement dans les robes. La mode est dans l'air, c'est le vent qui l'apporte, on la pressent, on la respire, elle est au ciel et sur le macadam, elle est partout, elle tient aux idées, aux mœurs, aux événements. »

« On pourrait dire que Chanel ne varie pas ou presque pas sa ligne, et c'est justement ce qui fait sa force » déclare *Vogue* le 1er avril 1921. Lors de la réouverture de la maison de couture Chanel en 1954, Chanel se positionne contre la mode du moment. L'extrême dépouillement de ses créations est perçu comme un manque de nouveauté, et le tailleur ne retient pas l'attention des journalistes de l'époque. Et pourtant… il deviendra l'un des plus grands succès de Coco Chanel. Celle-ci ne dira pas « tailleur », mais « costume », pour bien signifier qu'il s'agit de l'équivalent du complet masculin. Il existe déjà dans la garde-robe des femmes lorsque Chanel arrive dans le milieu de la mode, depuis les années 1850. Mais cet ensemble deux-pièces d'origine anglaise est dédié à des activités spécifiques, celles de plein air, activités sportives, voyage ou promenades du matin. Il est surtout exclusivement réalisé sur mesure par

des tailleurs pour hommes. Il faudra attendre le milieu des années 1880 pour que quelques couturières françaises s'en emparent et commencent à confectionner cette tenue pour les femmes. Ses détracteurs jugent ce costume un peu triste, car d'allure trop stricte et masculine. Il faut dire que dans les années 1910, on le trouve presque toujours en drap de laine de teintes neutres : couleur ficelle, praline, gris, voire vert nuance « purée de pois ». Coco le révolutionne avec une veste d'inspiration militaire en tweed. Une chaîne retenue sur la doublure apporte une structure unique au vêtement.

Le tailleur Chanel est adopté à la ville comme au cinéma par des stars comme Marlène Dietrich, Brigitte Bardot, Grace Kelly, Ingrid Bergman, Romy Schneider ou encore Elisabeth Taylor. Plus tragiquement, on se souvient du tailleur Chanel rose de la collection automne-hiver 1961, que portait Jackie Kennedy à Dallas, le 22 novembre 1963, jour de l'assassinat de son mari, John F. Kennedy, président des États-Unis.

CHAPITRE 14

Coco a fait :

ÉVOLUER SA CONDITION SOCIALE

« Si vous êtes née sans ailes, ne faites rien pour les empêcher de pousser.

En 1883, Gabrielle Chanel naît dans un hospice de province. Deuxième enfant d'un couple pauvre et non marié. Le père est mercelot d'origine cévenole, et la mère une jeune paysanne d'Auvergne. Lorsque cette dernière décèdc, Gabrielle est abandonnée par son père, une blessure qui la marquera toute sa vie. Elle connaît l'enfance des couventines, placée sous le signe de la sévérité, de la solitude et de la détresse morale.

Son seul horizon était de se trouver placée comme commise chez un commerçant de la région. Que pouvait espérer d'autre cette jeune adolescente élevée aux frais du couvent ? Elle n'eut dès lors qu'une obsession : échapper à son destin. Même si elle commença effectivement comme employée de magasin dans une maison spécialisée en layette, toile et mercerie, elle rejoint un temps une connaissance à Vichy ou, pour échapper à cette triste condition, elle chante et danse, tout en rêvant de faire du théâtre.

Cette « petite » couturière de province a réussi à sortir de la pauvreté, en passant plusieurs années dans le cadre luxueux et bucolique offert par son amant, Étienne Balsan. Elle arrivera à s'imposer comme styliste, à travers son style à la fois élégant et décontracté.

Elle passera de l'extrême pauvreté à la plus grande des fortunes, menant une vie trépidante aux quatre coins du monde.

En arrivant à Paris, elle s'adapte à ses nouveaux interlocuteurs, dans des milieux qui lui étaient jusque-là méconnus, voire interdits, comme en témoigne son amie Edmonde Charles-Roux : « *Personne ne la connaissait, on la présentait à peine. On ne l'entendait pas. Elle regardait, elle écoutait.* »

Elle côtoiera toute l'intelligentsia, l'aristocratie et les artistes de son temps. En prenant son époque en main, Gabrielle Chanel régnera à sa façon. Ses défauts sont devenus sa force, elle n'avait rien à perdre, et n'avait donc pas peur de prendre des risques.

Féministe avant l'heure, elle a su utiliser les hommes à son avantage. Alors qu'à l'époque une femme ne pouvait rien faire sans les hommes, Coco est toujours restée elle-même.

LES CHAÎNES

Celles-ci seraient inspirées de l'orphelinat où elle a passé ses jeunes années. Les bonnes soeurs y attachaient leurs clés. On les retrouve dans l'horlogerie, mais surtout chez deux modèles iconiques de sacs de la maison.

Conseils de coach

Guérir de ses blessures d'abandon

Les manifestations d'une blessure d'abandon sont multiples : la peur de la solitude, les difficultés à vivre une relation épanouie, la dépendance affective, la faible estime de soi ou encore la somatisation.

Il est indispensable alors de reconstruire (ou construire) l'estime de soi ; travailler sur la colère et le sentiment d'injustice ; apprendre l'auto-parentage pour remplacer le ou les parents défaillants – ou encore l'absence de parents.

Sortez (même si ce n'est pas toujours facile) du rôle de victime mis en place pour obtenir des marques d'attention, trouvez d'autres moyens pour obtenir cette reconnaissance (sans tomber dans la dépendance affective pathologique pour acquérir le sentiment d'exister ailleurs que dans le regard des autres).

Apprenez à faire confiance, en modifiant les croyances : sur vous et les autres, sur la vie en général.

Mettez-vous à l'écoute de vos véritables besoins et attentes, et surtout trouvez comment les satisfaire.

CHAPITRE 15

Coco est : RÉSILIENTE

« J'ai choisi ce que je voulais être et je le suis.

Nombreux sont les drames auxquels Coco a survécu dans son enfance, cela se poursuivra toute sa vie. Dans sa vie amoureuse, ce sera la mort de l'homme de sa vie, Boy Capel, qui constituera sa blessure la plus profonde. Celle qui arrivait à dissimuler avec un grand art ses émotions eut bien du mal à complètement cacher sa peine. Elle demanda que l'on enduise les façades de sa maison en crépi beige en laquant les volets en noir. Dans sa maison de Saint-Cloud qui avait abrité ses amours avec Capel, elle demanda que les murs comme les draps portent eux aussi le deuil. Manifestation surprenante mais bien réelle de la résilience de Coco : le lendemain elle demanda à un décorateur de tout repeindre en rose et à son majordome de la « tirer de ce tombeau ».

Ce sera Venise et l'art qui la sauveront. L'art est une formidable source de résilience, ne l'oubliez pas ! Coco raconte à son ami Paul Morand que durant ce voyage, elle décida un jour de se rendre dans une église pour demander à saint Antoine de Padoue de ne pas pleurer. *« Je me vois encore dans l'église, devant la statue du saint, à gauche, parmi les beaux sarcophages d'amiraux vénitiens. Un homme devant moi laissait reposer son front contre la dalle ; c'était une figure si triste et si belle, il y avait en lui tant de rigidité et de douleur, ce front épuisé touchait le sol avec une telle lassitude que le miracle se produisit en moi. Je suis une loque, me dis-je ; quelle honte ! Comment oserais-je comparer mon chagrin d'enfant perdu, pour qui la vie commence à peine, à celui de cette détresse ? Une énergie nouvelle m'envahit aussitôt. Je repris courage, décidée à vivre. »*

Résiliente, Coco Chanel l'est aussi dans le travail. Le 5 février 1954 à 14 heures, Chanel dévoile sa nouvelle collection. Elle revient après une dizaine d'années passées en Suisse. On ne sait si c'est l'ennui ou l'envie de clore le bec aux nouveaux couturiers de l'après-guerre, comme Christian Dior qui réintroduit les corsets et de grandes quantités de tissu, alors qu'elle s'était donné tant de mal pour en « libérer » la femme.

L'accueil de la presse française est tiède, voire glacial. Les titres des journaux ne l'épargnent pas. Le *Combat* titre « Chez Coco Chanel à Fouilly-les-Oies ». Le *Figaro* parle, lui, « d'un voyage dans le temps, en 1925 ». Malgré la déception de son entourage, Chanel tient bon et se remet au travail dans ses ateliers de la rue Cambon pour préparer une nouvelle collection.

C'est l'accueil de la presse américaine qui changera la donne : ses créations font la une de *Vogue Paris*. *Life* évoquera *« des touches d'une élégance folle et des tailleurs aussi faciles à porter que rafraîchissants ! »* Chanel en profite : elle propose à la rédactrice en chef du *Harper's Bazar* de vendre du prêt-à-porter directement pour ses clientes. Une requête qui trouvera une réponse positive. Il lui faudra un mois pour qu'elle soit à nouveau reconnue, mais son acharnement a payé !

LE SUCCÈS DU LOOK « GARÇONNE »

Ce style est en fait tiré du roman éponyme de Victor Marguerite (1922), qui fit grand bruit à son époque, et investit les créations de Chanel, à travers les robes-chemisiers. Mais il y a aussi un « physique » de la garçonne : elle ne doit pas être trop grande, avoir une petite poitrine et de longues jambes, et surtout, comme le recommandaient les journaux et magazines de l'époque « ne pas être trop forte ».
Une photographie de 1925 montre Chanel sur le pont du yacht du duc de Westminster, le *Flying Cloud*. Si ses vêtements sont ostensiblement plus féminins, sa pose et ses cheveux courts révèlent une allure inédite de garçon manqué pour l'époque, chez une femme de quarante ans.

Conseils de coach

Rebondir

Les blessures non traitées du passé peuvent souvent continuer à nous causer du tort dans le présent. Mais, lorsque vous travaillez avec discernement, esprit et énergie, éliminer les ombres du passé devient plus facile à accomplir. En les éclairant, vous découvrirez que le passé n'est pas aussi écrasant que vous ne le pensiez auparavant.

Prendre le temps d'explorer ces blessures vous permettra de les réduire, voire même de les neutraliser afin de vous en libérer complètement. Une fois que vous vous êtes engagé à abandonner cet ancien bagage émotionnel (lié à votre enfance ou autre) qui ne vous sert plus, vous parviendrez à avancer dans votre vie avec un nouveau sentiment de paix et d'autonomie.

Guérir votre passé vous permettra de créer de la place pour que votre vrai « moi » émerge. Un travail quotidien vous permettra d'identifier la racine de votre douleur. L'idéal est d'être accompagné par un psychologue pour être guidé avec soin tout au long du processus de guérison. Vous devez démêler les émotions liées à votre blessure et apprendre des techniques qui permettront de libérer les parties sombres de votre cœur et de votre esprit. Le principal est de récupérer votre pouvoir intérieur et votre confiance pour développer une vision positive de l'avenir afin que vous puissiez avancer avec force et joie.

La petite robe noire

La couleur noire que Chanel adorait était aussi le symbole du lien qu'elle entretenait avec Boy Capel après sa mort. Elle est, en fait, au-delà de la couleur du deuil, le symbole de sa force et de son indépendance. Et cela se traduisit de manière éclatante à travers la « petite robe noire » qui fait partie aujourd'hui encore des pièces fétiches du vestiaire féminin : cette robe fourreau est à la fois élégante et d'une grande simplicité, en crêpe de Chine noir, aux manches longues et étroites.

Il fallut attendre un peu, en 1926, pour que la petite robe noire soit sacralisée par le *Vogue* américain qui publiera un modèle de Chanel légendé « Voici la "Ford" signée Chanel » et qui pronostique à l'époque qu'elle allait « conquérir » le monde. On connaît la suite…

À partir de 1954, Mademoiselle Chanel fera plusieurs versions de la petite robe noire, notamment plus habillées pour le soir. Cela devient un véritable exercice de style ! Une nouvelle fois à contre-pied des grands couturiers qui ornent de pierreries et de paillettes leurs tenues de soirée, Chanel donne une version discrète et raffinée de la mode habillée.

Sans jamais dévier de la ligne qu'elle s'est fixée, elle décline les robes noires toutes simples dans les matériaux les plus divers, des classiques dentelles, velours et voiles de soie aux tissus en nylon et autres matières synthétiques. Elle ajoute aux plus austères une ceinture ou un bijou en métal doré, illuminés de pierres colorées.

La mousseline, la gaze dans toute sa légèreté, contribuent comme toujours à la liberté de mouvement. Sa gamme de couleur ne change pas : du blanc cassé à l'or en passant par le rouge qui apporte du piquant, et le noir le chic.

CHAPITRE 16

Coco est :
SOLITAIRE

« Personne ne devrait vivre isolé. C'est une erreur. Je croyais devoir mener ma barque seule, mais je me trompais.

Celle qui passa ses nuits et ses jours à travailler, en paya chèrement le prix. Son pire échec était sa vie de femme, avec un paradoxe : puisque c'était ce à quoi elle tenait le plus ! Si elle se montra bien souvent supérieure aux hommes dans sa vie professionnelle, elle fut la plus « désarmée » des femmes dans sa vie privée.

À la fin de sa vie, plus mordante que jamais (et souvent de mauvaise foi !), isolée entre ses paravents de Coromandel et ses lustres aux éclats froids du cristal, elle se réfugie dans les essayages, triturant les tissus et donnant les derniers coups de ciseaux à son œuvre, entourée de ses courtisans et mannequins. Celle qui avait tant aimé n'aimait rien d'autre que travailler : *« Furieuse et droite comme un capitaine sur le pont d'un vaisseau qui sombre »,* écrira Françoise Giroud dans *L'Express*. Sa gloire ne sera jamais parvenue à effacer les blessures de son désespoir intime. *« Les vraies réussites sont fatales »*, disait-elle. Elle vivra, après la guerre, dans la chambre dans laquelle elle s'installa pendant l'occupation allemande, au Ritz. Une chambre quasi monacale, aux murs blancs assortis, comme elle le souhaitait, à ses draps. Son amie, Claude Delay, se souvient : *« Souvent, je la trouvais touchante de solitude, à sa coiffeuse, regardant éperdument le jardin. »* Elle avait pourtant encore plusieurs personnes à son service, comme son majordome François Mironnet, sa femme de chambre, sa secrétaire, et son chauffeur. Souvent le dimanche (le jour de la semaine qu'elle détestait le plus), elle demandait à ce dernier de l'emmener au cimetière du Père-Lachaise, afin de s'y promener, comme elle aimait le faire enfant. Son dernier compagnon fut le Sedol : un sédatif à base de morphine qu'elle s'injectait le soir afin de pouvoir trouver le sommeil, depuis que son amant Paul Iribe s'écroula mort, foudroyé par une crise cardiaque, sous ses yeux. Un rituel fait avec calme. La psychanalyste Claude Delay, qui fût très présente à la fin de la vie de Coco, analyse ce geste comme un dernier rempart à la solitude : *« Sa piqûre fut une substitution à l'amour [...]. Le Sédol fut sa dernière défense devant la nuit, la pénétration ultime et solitaire. »*

La disparition de Coco Chanel

Gabrielle Chanel meurt un dimanche, le 10 janvier 1971. Elle avait dessiné sa tombe, en précisant bien : *« Sans pierre au-dessus de moi (...) je veux pouvoir en ressortir si j'en ai envie, pour aller au paradis habiller les anges. »*

André Malraux déclarera : *« de ce siècle, en France trois, noms resteront : De Gaulle, Picasso, et Chanel ».*

1971

Gabrielle Chanel meurt à Paris le 10 janvier, dans sa chambre du Ritz. Elle est enterrée au cimetière du Bois-de-Vaux, à Lausanne.

UN SUBTIL ÉQUILIBRE EN LA FONCTION ET LA FORME

Mais revenons sur le tailleur, qui présente un juste équilibre entre la fonction et la forme. Car cette pièce témoigne là encore d'une réflexion quant à la conception de chaque détail. *« Chaque tailleur recèle les secrets du luxe de Chanel. Et ce luxe tient à des détails ».* (*Vogue*, septembre 1959).

Synthèse des grands principes qui ont fait son succès, tous les aspects de la réalisation du tailleur sont pensés dans le respect de l'anatomie, et une conception de l'élégance alliant simplicité et naturel. Cette tenue adaptée aux nouveaux modes de vie peut être portée tout au long de la journée, mais aussi à tout âge. Car si le tailleur est pensé au départ comme un vêtement de jour, Chanel le transpose dans des matériaux chatoyants pour les sorties du soir. *« Le tailleur me fait l'impression d'un objet de design, où chaque élément répond à une fonction, tout en restant esthétique,* commente Véronique Belloir, la commissaire associée de l'exposition "Gabrielle Chanel, manifeste de mode", qui s'est attardée sur ce vêtement en particulier. *Sans doute est-il l'illustration parfaite de l'esprit Chanel : sa construction est extrêmement précise et, paradoxalement, c'est cette précision qui permet ensuite à la femme qui le porte d'avoir une allure désinvolte. »*

Comme pour chacune de ses créations tout est synonyme de liberté et de désinvolture : la veste (à deux ou quatre poches) s'apparente à un cardigan, tant elle est souple et légère. La jupe, quant à elle, n'enserre pas la taille mais repose sur la pointe des hanches ; elle est accompagnée d'une blouse dont l'encolure est parfois soulignée d'une cravate ou d'une écharpe légère avec un nœud retombant en deux pans. Les ganses, ces cordonnets plats de couleurs contrastées, soulignent et structurent la silhouette, notamment au niveau des poignets, qui peuvent être fermés par des boutons de manchettes. *« Il y a le tissu extérieur, qu'on montre aux autres, et le tissu intérieur, tout aussi raffiné, qui est un luxe pour soi ; comme toujours chez Chanel, il y a une histoire d'intimité entre le corps et le vêtement »*, note Véronique Belloir.

Autre caractéristique qui n'a l'air de rien en 2020, mais qui change tout pour la femme active des fifties : *« Les poches ne sont pas factices. On peut y mettre les mains dans une posture nonchalante, comme les hommes. Et surtout, on peut s'en servir pour y glisser ce dont on a besoin, au lieu d'être sempiternellement prisonnière d'un petit sac à main. Bref, on est plus libre. Et, chez Chanel, c'est la liberté qui donne l'élégance »*, conclut l'historienne.

Conseils de coach

Apprivoiser la solitude

Qui n'a pas ressenti, un matin en se levant, comme un parfum de mélancolie ? Paradoxalement, dans cette époque de médias et d'appareils connectés, la solitude a atteint un niveau record. Il est courant de nous sentir seuls alors que nous sommes de plus en plus affairés et que nous avons moins le temps de profiter de nos proches.

Nous connaissons tous des jours où le sentiment d'isolement nous ronge, accompagné quelquefois de frustration. Votre première impulsion peut être de rechercher la compagnie de personnes qui, selon vous, ont le pouvoir de soulager votre solitude ou de vous « guérir » de votre isolement mais attention, il peut s'agir aussi du moment idéal et précieux pour réfléchir à vos sentiments, et à vos émotions. Ces instants peuvent vous aider à mieux comprendre votre existence telle qu'elle se présente actuellement. Ne confondez donc pas ennui et solitude.

Prendre le temps d'examiner notre désir d'échange et d'interaction sociale nous aidera à observer notre vie dans une perspective plus réfléchie. Nous pouvons même choisir de rester isolés des autres pendant un certain temps afin de mieux comprendre les émotions qui se jouent en nous. Ce sentiment d'isolement est susceptible de révéler quelque chose de plus profond, car il peut être le signal d'un besoin de vous réconcilier avec vos émotions.

Concrètement, commencez par vous poser ces questions : à quel moment vous sentez-vous le plus seul ? Depuis combien de temps ressentez-vous cette solitude ? Y a-t-il des personnes qui vous font sentir encore plus seul lorsque vous êtes avec elles ? Que voulez-vous faire lorsque vous vous sentez seul, quelles sont les pensées qui vous viennent à l'esprit ?

Vous pouvez aussi profiter de ce moment et de cet espace dans votre vie pour vous livrer à des activités apaisantes et qui vous nourriront.

Allez vous promener dans la nature, faites du vélo ou lisez un livre. Explorez de nouvelles activités et n'ayez pas peur d'essayer de nouvelles choses. C'est le moment de laisser exploser votre créativité !

Libéré des pensées inquiétantes ou de ce que les autres peuvent penser de votre choix de vous détourner des engagements sociaux, vous avez la liberté de vous concentrer plus pleinement sur vos désirs intérieurs. Cela nous aide à mieux comprendre le monde dans lequel nous vivons et la place que nous y occupons. En nous connaissant mieux, nous ferons face d'une manière beaucoup plus concentrée et réfléchie aux difficultés que nous rencontrons. Bref, ce sentiment d'isolement que vous ressentez aujourd'hui disparaîtra à mesure que vous apprenez à apprécier la joie d'être seul.

Profitez-en aussi pour identifier, choisir et cultiver les meilleures relations. Le meilleur outil dont vous disposez pour lutter contre la solitude est votre propre esprit. Il s'agit en effet de transformer les pensées négatives en un point de vue positif, ce qui vous aidera à recadrer votre solitude et à ouvrir la voie à l'invitation dans les relations dont vous avez besoin et que vous désirez. Car bien souvent notre processus de pensée est inadapté par rapport à la situation et nous empêche de tisser des liens plus profonds avec les autres. Il s'agit de se libérer des conditionnements négatifs passés pour « recadrer » les sentiments de solitude afin d'améliorer la santé et le bien-être. Ce sentiment de solitude peut être uniquement ponctuel et constituer votre premier pas vers une forme de libération !

Sources citations

Chapitre 1
Pocket Coco Chanel Wisdom, Hardie Gram books, 2017.

Chapitre 2
Le monde selon Coco, Éditions Flammarion, 2020.

Chapitre 3
Pocket Coco Chanel Wisdom, Hardie Gram books, 2017.

Chapitre 4
Pocket Coco Chanel Wisdom, Hardie Gram books, 2017.

Chapitre 5
Magazine *Elle*

Chapitre 6
Pocket Coco Chanel Wisdom, Hardie Gram books, 2017.

Chapitre 7
Le monde selon Coco, Éditions Flammarion, 2020.

Chapitre 8
Pocket Coco Chanel Wisdom, Hardie Gram books, 2017.

Chapitre 9
Le monde selon Coco, Éditions Flammarion, 2020.

Chapitre 10
Le monde selon Coco, Éditions Flammarion, 2020.

Chapitre 11
Le monde selon Coco, Éditions Flammarion, 2020.

Chapitre 12
Pocket Coco Chanel Wisdom, Hardie Gram books, 2017.

Chapitre 13
Pocket Coco Chanel Wisdom, Hardie Gram books, 2017.

Chapitre 14
Le temps Chanel, Edmonde Charles Roux, Éditions de la Martinière, 2004.

Chapitre 15
Pocket Coco Chanel Wisdom, Hardie Gram books, 2017.

Chapitre 16
Biographic Coco, Sophie Collins, J'ai lu, 2019.

Bibliographie

Chanel m'a dit, Lilou Marquand, Éditions Jean-Claude Lattès, 1990.

Vogue on Coco Chanel, Bronwyn Cosgrave, Quadrille Publishing Ltd, 2012.

Le monde selon Coco, Éditions Flammarion, 2020.

Pocket Coco Chanel Wisdom, Hardie Gram books, 2017.

Mémoire de la mode Chanel, François Baudot, Assouline, 1994.

Coco Chanel, Susan Goldman Rubin, Abrams Books for Young Readers, 2018.

Notre Chanel, Jean Lebrun, Bleu autour, 2014.

Chanel & Co, Les Amies de Coco, Marie-Dominique Lelièvre, Denoël, 2015.

L'allure de Chanel, Paul Morand, Hermann, 2017.

L'Irrégulière, Edmonde Charles Roux, Grasset, 2009.

Le temps Chanel, Edmonde Charles Roux, Éditions de la Martinière, 2004.

Coco Chanel, the illustrated world of a fashion icon, Megan Hess, Hardie Grant books, 2015.

Chanel, Jean Leymarie, Éditions de La Martinière, 2010.

Chanel, sa vie, Justine Picardie, dessins de Karl Lagerfeld, Éditions du Seuil, 2011.

Chanel l'énigme, Isabelle Fiemeyer Flammarion, 2016.

Biographic Coco, Sophie Collins, J'ai lu, 2019.

Imprimé en France en décembre 2020
par Normandie Roto Impression s.a.s.
61250 Lonrai
N° d'impression : 2004271
Dépôt légal : janvier 2021
ISBN : 9782380151466